JN068802

1級

造園施工管理技士

第2次検定対策

種子永 修一 編著

弘文社

＊＊＊ 読者のみなさんへ ＊＊＊

　受検願書を提出されましたか？

　最近は，特に実務経験証明書の作成にあたっての注意及び記載例が厳しくなっています。

　内容を見ますと，1級造園施工管理技士を受検するには，最低１年間は，指導監督的実務経験が必要です。（これは以前も同じでした。）

　そしてこの「上記実務経験のうち指導監督的実務経験の内容」を具体的に記載するようになっています。（これは，一級土木施工管理技士，一級管工事施工管理技士も同じです。）

　現場代理人・主任技術者・施工監督・工事主任等の立場で，部下に対して工事の技術面を総合的に指導・監督した経験について，直近のものを記入するようになっています。

　なお，指導監督的実務経験が，工事１件で受検に必要な年数（１年）を満たない場合は必要な年数を満たす件数を記入するように指摘されています。（例：**工事期間が３カ月のものであれば４件分の工事を記載する必要があります。**）

　また，この工事における自らの業務の内容（工程管理，品質管理，安全管理等に関する具体的内容）を記入するようになっています。

　願書を記入した方は，十分わかっておられると思いますが，記載内容は，勤務先名，所属（部課名），工事名，発注者名，工事工期，指導監督的実務経験の内容，指導監督的実務経験年数を記載した上に，「○○総合公園整備工事において，工事主任として，高木の植栽工や植栽工に伴う土系園路の再構築等の工事の施工管理について現場作業員への指導監督業務等に従事した。」

　「国営○○公園の管理棟の屋上緑化工事において，工事主任として，低木の植栽工張芝工の品質管理，工程管理について現場作業員への技術的指導等の業務に従事した。」

「××公園の整備工事において，主任技術者として，中・低木の植栽工や高木の移植工の工事全般の施工計画の作成と施工管理について現場作業員への技術的指導等の業務に従事した。」……

　このような具体例を記載するようになっています。（この具体例は，公共工事になっていますが，公共性のある工事でもいいわけで，民間工事の屋上緑化工事，墓園工事，庭園工事等でも OK です。）

　そしてまた，これらの実務経験が実際のものであることを証明するための実務経験証明書（工事請負契約書の写し・専任の主任技術者として従事したことが確認できる書類〈現場代理人主任技術者選任届や施工体系図等〉の写し）を添付することも要求されています。

　この内容から推測しますと，実務経験があっても，部下への指導監督の経験がなければ受検できない，願書で不合格になってしまう状況です。非常に狭き門であると言えるでしょう。**建設業法では，10年間同じ業種（造園）の実務経験があれば，主任技術者と認められます。**ただし，国交省（試験実施機関）では主任技術者になれば部下への指導が当たり前と想定されています。一人親方で頑張っておられる方もあります。

　これから屋上緑化工事に新規参入しようとする個人もあります。親方から独立して頑張る方，これから建設業の許可を取得しようとする方等，色々と想定してほしいものです。あまり批判ばかりいっても仕方ありませんが，**法令との矛盾点がたくさんありますね。**

　そこで，指導監督的実務経験が無いという受検生はいないと思いますが，部下に対して技術的指導を行った経験とは，例えば材料の手配，機械の手配，作業員の手配等の指導は施工計画，石組の方法や，灯籠の組み方，コンクリートの打ち方，締固めの方法，植栽に適する土の見極め方，鉄筋の組み方，型わくの組み方等の指導は品質管理，危険箇所の明示，危険作業の排除，機械の誘導，公衆災害防止等の指導は安全管理，工期の調整，日々の段取り，作業の進み具合の調整等の指導は工程管理にあたります。

　一つの工事でこういった経験はあると思われますので（これも想定です），この事を記載すれば良いわけです。

　このような経験が，施工体験記述にもつながります。

　記述例をたくさん記載していますので，皆さん方の実務経験に合せて参考にするようにしてください。

　何回も記述することにより皆さんの実務経験になっていきます。

ただし，丸写しは禁物です。必ず皆さん方それぞれの経験に基づき，練習するようにしてください。土木施工管理技士では，想定外の問題が出題されていた時期もありました。造園施工管理技士でも想定外の問題が，出題される可能性もありますので，参考例も少し記載しておきます。

　　　　　　　　　　　　　　　　　　　　　著者しるす

1級造園施工管理技士　第2次検定　実施状況

合格率の推移		課題があった管理項目名
令和3年度	40.0%	「工程管理」又は「品質管理」
令和2年度	41.0%	「工程管理」又は「品質管理」
令和元年度	39.6%	「工程管理」又は「品質管理」
平成30年度	35.9%	「工程管理」又は「品質管理」
平成29年度	37.5%	「工程管理」又は「品質管理」
平成28年度	32.5%	「工程管理」又は「品質管理」
平成27年度	36.8%	「工程管理」又は「品質管理」
平成26年度	33.8%	「工程管理」又は「品質管理」
平成25年度	26.4%	「工程管理」又は「品質管理」
平成24年度	38.6%	「工程管理」又は「品質管理」

※　第2次検定の内容（注意事項）

1．問題1及び問題2は必須問題ですから，必ず解答します。

2．問題3から問題5までは選択問題ですから，このうち1題を選択し解答します。

　　選択指定数をこえて解答した場合，採点の対象となりません。従って不合格になるおそれがあります。

3．解答は，解答用紙の所定の解答欄に記述します。

4．解答を訂正する場合は，消しゴムできれいに消してから訂正してください。

5．問題用紙の余白は，下書きに使用しても差支えありません。

6．解答用紙は，必ず係員に渡した後に退席してください。持ち帰りは厳禁です。ただし，試験問題は，試験終了時刻（16時00分）まで在席した方のうち，希望者に限り，持ち帰りできます。途中退席した場合は，持ち帰ることはできません。

> ※最近の管理項目は，「工程管理」，「品質管理」の管理項目が多く出題されています。ただし，ヤマをかける（山を張る）と，違う管理項目が出題される可能性もゼロではありませんので，「安全管理」も念のため覚えるようにしましょう。

1級造園施工管理技術検定　受検案内

1. **申込受付期間**　**5月頃**（変更があります。必ず事前に確認して下さい。）

2. **申込用紙の販売**　申込用紙は、「第1次・第2次検定」、「第1次検定のみ」、「第2次検定のみ」の3種類があり1部600円です。

3. **試験日**　　　　　1級第2次検定
   及び合格発表日　試験日：12月上旬（日）／合格発表日：翌年3月上旬

4. **試　験　地**　札幌，仙台，東京，新潟，名古屋，大阪，広島，高松，福岡，那覇の10地区

5. **受検手数料**　第1次検定　14,400円　／　第2次検定　14,400円

6. **受 検 資 格**
   ① 「第1次検定・第2次検定」を受検し，第1次検定に合格した者
   ② 「第1次検定のみ」を受検して合格し，所定の実務経験（表1・表2）を満たした者
   ③ 第1次検定免除者（技術士試験の指定の技術部門に合格した者で，所定の実務経験を満たした者。詳細については試験機関のホームページにて確認して下さい。）

表1

区分	学歴又は資格		造園施工に関する実務経験年数	
			指定学科	指定学科以外
イ	大学卒業者 専門学校卒業者（「高度専門士」）		卒業後3年以上	卒業後4年6ヶ月以上
	短期大学卒業者 高等専門学校卒業者 専門学校卒業者（「専門士」）		卒業後5年以上	卒業後7年6ヶ月以上
	高等学校・中等教育学校卒業者 専門学校卒業者（「高度専門士」「専門士」を除く）		卒業後10年以上	卒業後11年6ヶ月以上
	その他の者		15年以上	
ロ	技能検定合格者		10年以上	
ハ	高等学校卒業者 中等教育学校卒業者 専門学校卒業者（「高度専門士」「専門士」を除く））		卒業後8年以上の実務経験（その実務経験に指導監督的実務経験1年以上を含み，かつ，5年以上の実務経験の後専任の監理技術者による指導を受けた実務経験2年以上を含む）	
ニ	専任の主任技術者の実務経験が1年以上ある者	高等学校卒業者 中等教育学校卒者 専門学校卒業者（「高度専門士」「専門士」を除く）	卒業後8年以上	卒業後9年6ヶ月以上（2級「造園」技能検定合格者に限る）
		その他の者	13年以上	
ホ	2級合格者			

※イ，ロの実務経験年数のうち，1年以上の指導監督的実務経験が含まれていることが必要です。

なお，表1のホで「第1次検定のみ」受検で合格した人が「第2次検定のみ」を受検する場合，表1の所定の実務経験年数のほか，次の表2の区分に該当すれば，年数を短縮して受検することも可能です。

表2

区分	学歴又は資格		造園施工に関する実務経験年数	
			指定学科	指定学科以外
i	2級合格後3年以上の者			合格後1年以上の指導監督的実務経験及び専任の監理技術者による指導を受けた実務経験2年以上を含む3年以上
	2級合格後5年以上の者		合格後5年以上	
	2級合格後5年未満の者	高等学校卒業者　中等教育学校卒業者（「高度専門士」「専門士」を除く）	卒業後9年以上	卒業後10年6ヶ月以上
		その他の者	14年以上	
ii	専任の主任技術者の実務経験が1年以上ある者	2級合格後3年以上の者		合格後1年以上の専任の主任技術者実務経験を含む3年以上
		2級合格後3年未満の者	短期大学・高等専門学校卒業者　専門学校卒業者（「専門士」に限る）	卒業後5年以上	卒業後7年以上
			高等学校・中等教育学校卒業者　専門学校卒業者（「高度専門士」「専門士」を除く）	卒業後7年以上	卒業後8年6ヶ月以上
		その他の者	12年以上	

※ ⅰの実務経験年数のうち，1年以上の指導監督的実務経験が含まれていることが必要です。

注意）詳細については，4月頃に販売される『受検の手引』を参照されるか，下記の「一般財団法人　全国建設研修センター」のホームページをご覧ください。

http://www.jctc.jp/

日程は変更される事があります。
必ず早めに事前の確認をして下さい。

造園施工管理技術検定に関する申込書類提出先及び問合せ先
一般財団法人　全国建設研修センター
　試験業務局造園・区画整理試験部造園試験課
　〒187-8540　東京都小平市喜平町2−1−2
　TEL　042（300）6866（代）

第1章　施工経験記述（試験問題の問題1）

1. 品質管理

問題1 【必須問題】

2. 工程管理

3．安全管理

4．環境対策

5．建設副産物対策

第2章　施工全般（試験問題の問題2〜問題5）

問題例

※問題1及び問題2は必須問題ですから，必ず解答してください。

問題1 あなたが経験した主な造園工事のうち，工事の施工管理において「工程管理」又は「品質管理」上の課題があった工事を1つ選び，その工事に関する以下の設問(1)～(5)について答えなさい。
（造園工事以外の記述は採点の対象となりません。）
〔注意〕記述した工事が，あなたが経験した工事でないことが判明した場合は失格となります。

---

(1) 工事名を具体的に記述しなさい。

_____

(2) 工事内容など
　(1)の工事に関し，以下の①～⑤について具体的に記述しなさい。
　　① 施工場所_____
　　② （ア） この工事の契約上の**発注者名又は注文者名**_____
　　　（イ） この工事におけるあなたの所属する会社などの契約上の立場を，解答欄の〔　　　〕内の該当するものに〇を付けなさい。
　　　　「その他」に〇を付けた場合は（　　　）に契約上の立場を記述しなさい。
　　③ 工　期_____
　　④ **工事金額又は請負代金額**_____
　　⑤ 工事概要
　　　（ア） **工事内容**

_____
_____
_____
_____

_____

　　　（イ） **工事数量**（例：工種，種別，細別，規格等，数量など）

_____
_____
_____
_____

（ウ）　現場の状況及び周辺の状況（必要に応じ，関連工事の有無など当該工事の施工に影響などを与える事項，内容などを含む）

_____
_____
_____
_____

(3)　上記の工事現場における**施工管理上のあなたの立場**を記述しなさい。

(4)　上記工事の施工において，**課題があった管理項目名（工程管理又は品質管理）**及びその課題の内容（背景及び理由を含む）を具体的に記述しなさい。

_____
_____
_____
_____
_____
_____

(5)　(4)の課題に対し，あなたが**現場で実施した処置又は対策**を具体的に記述しなさい。

_____
_____
_____
_____
_____
_____

注）問題1は以上の内容で問われます。結構記述するスペースがありますので，字を大きく書かれる受験生でも楽々記述できますから，安心です。このスペースに入るように記述してください。

※施工経験記述の注意点

　施工経験記述問題は，受検者が担当した造園工事に関する現場施工管理の経験を記述するもので，毎年必須問題として出題されています。

　最近の施工管理項目のテーマは，「品質管理」，「工程管理」が中心となって出題されていますが，今後，安全管理，環境等幅広い分野から出題される可能性もゼロではありません。

　施工経験記述の目的は，1級造園施工管理技士にふさわしい技術的な判断と経験を受検者が有しているかどうかを評価することです。したがって，記述する内容もそれにふさわしい技術的な内容でなければなりません。

　しかし，専門的な用語の羅列では，合格にはおぼつかないでしょうし，的を絞りきれずに課題を複数あげて，前後のツジツマが合わない文章になるおそれもあり，結果，技術的な記述内容とならず，単に現場で行った手続きを記述しただけのものになることも想定されます。

　そういった事を防ぐために，予め記述の工事をしぼり，内容を整理しておく必要があります。それでは，記述例にそって進めましょう。

(1)　工事名を**具体的に記述**しなさい。
　　①　造園工事かどうか判定しにくい特殊な工事は避ける。
　　②　なるべく規模の大きい公共工事を選ぶ。ただし，民間工事のみをしている受検生もあると思われますので，「公共工事」にこだわる必要はありません。

　　（悪い例）　　　　　　　　　　（良い例）
- 河川災害復旧工事　⟶　○○川災害復旧工事に伴う護岸緑化工事
- 県道道路改良工事　⟶　県道○○線道路緑化工事
- ○○邸新築工事　⟶　○○邸新築工事に伴う庭園工事
　　　　　　　　　　　　　　　　　　　　　　　　　等

※上記の○○の部分には，必ず地名，固有名詞等を入れるようにしてください。あくまでも参考例ですので，このとおりでなくてもよく，実際に行った造園工事名であれば結構です。

⑵　工事内容

　⑴の工事に関し，以下の①〜⑤について**具体的に記述**しなさい。

①　**施工場所**

　実例としてあげる造園工事が行われた場所の都道府県名，市または郡名および町村名をなるべく詳しく記入すること。

（悪い例）　　　　　　　　**（良い例）**

• ○○県○○市　⟶　• ○○県○○市○○町○○地先

　　　　　　　　　　　　　　　　　　　　　　　　　　　　　　　　　等

※上記の○○の部分は，必ず地名を入れること。

②　（ア）この工事の契約上の**発注者名又は注文者名**

　（イ）この工事における**あなたの所属する会社などの契約上の立場**を，解答欄の〔　　〕内の該当するものに○を付けなさい。

　　「その他」に○を付けた場合は（　　）に契約上の立場を記述しなさい。

　a.「工事を最初の注文者から直接請け負った会社 B＝工事全体の元請業者」の技術者の場合は，「工事の最初の発注者名 A」を「発注者」欄に記入します。

　b.「元請業者から請け負った会社等＝下請業者」の技術者の場合は，自社が請け負った工事を注文した「建設業者名」を「発注者」欄に記入する。

　　例1：自社が1次下請業者 C の場合は，「工事の最初の注文者から直接請け負った会社名 B」を「発注者」欄に記入します。

　　例2：自社が2次下請業者 D の場合は，「1次下請業者名 C」を「発注者」欄に記入します。

③　**工期**

• 工期は正確に年号と年月日を記入します。

• 自社が請け負った工事の工期を記入します。

• 工期2ヵ月以上の工事を取り上げること。（下請工事の場合であっても，受注してから労務，資機材等の調達期間を含めて最低2ヵ月以上かかる工事の記述が望ましい。）

• 施工量との整合性に注意します。（施工量が極端に多いのに工期が短いとか，施工量が極端に少ないのに工期が長い等）

（悪い例）　　　　　　　　**（良い例）**

• 1月〜3月　⟶　• 令和○年1月15日〜令和○年3月20日

---

④ **工事金額又は請負代金額**

契約上の金額を記入すること。（消費税を含んだものとする。）

- 施工量との整合性に注意します。（施工量が極端に多いのに金額が少ないとか，施工量が極端に少ないのに金額が多い等）

（悪い例）	（良い例）
・約1千万円 →	・¥10,500,000−

⑤ **工事概要**

（ア）**工事の内容**

- 工事の内容がおおむねイメージできるよう，元請，下請を明記し，主要な工種や請け負った工事等を記述する。

（悪い例）	（良い例）
・庭園工事 →	・A建設会社が施工する○○邸新築工事において，下請業者として庭園の植栽工，地被工，花壇工，石組工，池・噴水工等を施工するものである。
・公園工事 →	・○○市公園課発注の公共工事で，○○地区児童公園を整備する工事で，元請業者として既存樹木の移植工や，花壇工，遊戯施設工等を新設するものである。　　　　　　　　等

（イ）**工事数量**（例：工種，種別，細別，規格，数量など）

- 例にあるように，工種，種別，細別，規格，数量等をできるだけ具体的に記述します。
- 特に使用した樹木名，規格，数量は，詳細に記述しましょう。

（悪い例）	（良い例）
・ 高木　5本 → 　　低木　10本	・移植工：高木（サンゴジュ H=2.5mW=0.8m）数量50本 高木（ツバキ H=3.0mC=0.15mW=1.0m）数量50本 低木（アオキ H=1.0mW=0.6m）数量50株
・園路工 →	・園路工：インターロッキング舗装　延長58m
	等

（ウ）**現場の状況及び周辺の状況**（必要に応じ，関連工事の有無など当該

工事の施工に影響などを与える事項，内容などを含む）

- この場合は，現場の状況及び周辺状況を明確に記述します。（関連工事があれば，その工事の内容も記述します。）

（悪い例）	（良い例）
・ 元請会社は建築工事で下請の自社は造園工事である。　⟶	・元請会社のＡ社は，○○ビルの新築工事を受注しており，屋上工事完了後に当社が緑化工事に着手する状況であった。 等

(3) 上記の工事現場における**施工管理上のあなたの立場を記述**しなさい。

- 工事現場での立場を記入します。会社での役職名は絶対に記入しない。
- 建設業法以外の法令による資格を記入しない。（例：作業主任者）

（悪い例）	（良い例）
・現場主任　⟶	・工事主任

(4) 上記工事の施工において，**課題があった管理項目名（工程管理又は品質管理）及びその課題の内容（背景及び理由を含む）を具体的に記述**しなさい。
上記工事の施工にあたり，以下の①，②について答えなさい。

① 施工管理項目のうち，「工程管理」，又は「品質管理」のどちらか１つを選んで記入しなさい。

　　　　施工管理項目 ＿＿品質管理＿＿＿＿＿＿＿＿＿＿＿＿＿＿＿＿＿

② ①で選んだ**施工管理項目上の問題点を具体的に記述**しなさい。

（悪い例）
　現場事前調査の結果，以下について品質の作り込みに留意した。
１）石積擁壁工における基礎地盤が軟弱であるため，改良が必要であった。
２）植栽基盤のｐＨ値が強酸性であるため中和を図る必要があった。

↓

（良い例）
　本工事は，○○地区における土地造成工事であり，それに付帯して児童公園工事を施工するものである。
　現場事前調査の結果，石積み擁壁基礎地盤及び植栽地盤は，高含水比の関東ローム地盤であり，地盤改良，植栽基盤改良工が必要であった。そのため，地盤改良，植栽基盤改良を含めた品質作業標準の設定や綿密な品質管理計画の立案が技術的課題となった。

⑸ ⑷の②の課題に対し，あなたが**現場で実施した処置又は対策を具体的に記**述しなさい。

> **（悪い例）**
> ① 使用樹木は常緑広葉樹であるため蒸散抑制剤を散布し，萎凋（いちょう）現象及び枯死を防止した。
> ② 植栽基盤の改良は，石灰肥料により，酸性地盤を中和するとともに，軟弱地盤の強化を図った。
> ③ 発根のために，二脚鳥居型支柱を堅固に設け，風等による振れを防止し，活着の促進を図った。
> 以上の結果，軟弱地盤の改良が図れ，供用後も活着率は良好で，周辺の風致に見合った見栄えを確保できた。
>
> **（良い例）**
> ① 品質改善会議を行い地盤改良工，植栽基盤改良工の合理化を図るため各作業員の意見を取入れ，地盤改良は専門業者に依頼し，植栽基盤改良工は，協力業者との並行作業として品質作業標準を確保する。
> ② 石積み擁壁工は丁張りにより施工精度を確保し，遊具工は施工図により品質規格値を確保するとともに，チェックシートに明記し，施工状況写真，完成写真を撮る。
> ③ ヒストグラム，工程能力図，$\overline{X}$-R 管理図により随時品質確認し，是正処置を行う。
> 等の綿密な品質管理計画を立て着工した。その結果，当初懸念された擁壁基礎地盤の地耐力，植栽基盤の改良が確保でき，無事竣工した。

第1章　施工経験記述

（問題1に該当します）

1. 品質管理

⑷②と⑸の〔改善した文章〕について
　実際に試験に書かれた解答と，それをより良く改善した文章を並べて記載してあります。変更点に注目して，より良い書き方を学んでください。

品質管理記述例1

> **問題1** あなたが経験した**主な造園工事**のうち，**工事の施工管理**において「**工程管理**」又は「**品質管理**」上の課題があった工事を1つ選び，その工事に関する以下の設問(1)～(5)について答えなさい。**（造園工事以外の記述は採点の対象となりません。）**
>
> 〔**注意**〕記述した工事が，あなたが経験した工事でないことが判明した場合は失格となります。

(1) **工 事 名** ○○公園整備工事

(2) 工事内容など

(1)の工事に関し，以下の①～⑤について具体的に記述しなさい。

　① **施工場所** ○○県○○市○○町

　② （ア）この工事の契約上の**発注者名又は注文者名**

　　　発注者名 ○○市公園課

　　（イ）この工事における**あなたの所属する会社等の契約上の立場**を，解答欄の〔　　〕内の該当するものに○を付けなさい。

　　　「その他」に○を付けた場合は（　　）に契約上の立場を記述しなさい。

　③ **工 期** 令和○年5月15日～令和○年7月31日 約78日間

　④ **工事金額又は請負代金額** ￥15,750,000-

　⑤ 工事概要

　　（ア）**工事の内容**

　本工事は，団地内に擁壁を構築し，盛土を施工して公園広場に改良するものである。敷地内に移植工（高木80本，低木150株）を行うため，植栽基盤である土壌の改良を行い，中央部にカラーアスファルトによる幅員2.0mの歩道用舗装を施工するものである。

　　（イ）**工事数量**（例：工種，種別，細別，規格，数量など）

移植工：高木（ウバメガシ H＝3.0m C＝0.15m W＝1.0m） 数量80本

　　　　低木（イヌツゲ H＝1.0m W＝0.3m） 数量150株

園路工：カラーアスファルト舗装 数量450㎡

擁壁工：鉄筋コンクリート擁壁工 H＝1.5m B＝0.2-1.0m L＝150m

（ウ）**現場の状況及び周辺の状況**（必要に応じ，関連工事の有無など当該工事の施工に影響を与える事項，内容などを含む）

　閑静な住宅内における街区公園の整備工事であり，工事箇所の前面道路は，生活道路になっていて，通勤，通学時間帯は多くの通行がある状態であった。

(3)　工事現場における**施工管理上のあなたの立場**を記述しなさい。

　工事主任

(4)　上記工事の施工において，**課題があった管理項目名（工程管理又は品質管理）**及びその課題の内容（背景及び理由を含む）を具体的に記述しなさい。

　　①　施工管理項目のうち「工程管理」，又は「品質管理」のどちらか1つを選んで記入しなさい。

　　施工管理項目　　品質管理

　　②　①で選んだ施工管理項目上の課題の内容を具体的に記述しなさい。

　移植計画に基づく高木（ウバメガシ）の移植適期が短いため，掘取り，運搬，植込みの一連の作業における技術力確保に留意した。

（注意）短すぎ！もっと具体的に記述すること!!

〔改善した文章〕

　本工事は，閑静な住宅団地内の街区公園整備工事で，移植計画に基づく高木（ウバメガシ）の移植適期が短いため，掘取り，運搬，積込みの一連の作業における施工方法の工夫に留意する必要があった。

　事前調査の結果，地震の影響により，沈下ひび割れが発生しており，湧水のため移植基盤は軟弱化していた。この状況では，移植後の活着や施工精度が保てず，倒伏や根腐れ等，弊害が懸念された。そのため，移植樹木の活着が技術的課題となった。

(5)　(4)の課題に対し，あなたが**現場で実施した処置又は対策**を具体的に記述しなさい。

①　大量の移植のため，熟練者を中心に作業班を編成し掘取り前の灌水を行い，枝おろし，枝しおりを適切にした。また，高木の鉢径および植え穴容量を適正に算出した。

②　運搬方法は風や日射を防ぐためシートで覆い，蒸散抑制剤を使用し，蒸散防止をした。

③　植付けは水極めを行い付近の風致に応じて見栄えよく「表」「裏」を確かめて植え込んだ。以上の結果当初懸念した施工方法の工夫を発揮でき品質を確保した。

〔改善した文章〕

① 作業班長に指示をして，大量の移植のため，熟練者を中心に作業班を編成させ，掘取り前の灌水をさせ，枝おろし，枝しおりを適切にさせた。また，高木の鉢径および植穴容量を適正に算出させ，報告をさせた。

② 運搬責任者に指示をして，運搬方法は風や日射を防ぐためシートで覆い，蒸散抑制剤を使用させ，蒸散防止をさせ，高木，中木，低木の状況を報告させた。

③ 植栽責任者に指示をして，植付けは水極めを行い，付近の風致に応じて見栄えよく「表」「裏」を確かめさせ植え込んだ。以上の結果当初懸念した施工方法の工夫を発揮でき，全ての樹木を活着させることができた。

品質管理記述例2

(1) 工 事 名　○○公園整備工事

(2) 工事の内容

⑴の工事に関し，以下の①〜⑤について**明確に記述**しなさい。

① 施工場所　○○県○○市○○町

② （ア）この工事の契約上の発注者名又は注文者名

発注者名　○○市公園課

（イ）この工事における**あなたの所属する会社等の契約上の立場**を，解答欄の〔　　　〕内の該当するものに○を付けなさい。

「その他」に○を付けた場合は（　　　）に契約上の立場を記述しなさい。

③ 工 期　令和○年5月1日〜令和○年7月31日　約92日間

④ 工事金額又は請負代金額　￥11,550,000−

⑤ 工事概要

（ア）**工事の内容**について具体的に記述しなさい。

臨海埋立地に，擁壁を構築し腐養土による盛土を施し，高木80株低木100本の移植工を行い，幅員2.0mの遊歩道をカラーアスファルトにて延長240m施工するものであった。

（イ）**工事数量**について具体的に記述しなさい。

（例：工種，種別，細別，数量，規格等）

移植工：高木（クロガネモチ　H＝3.5m C＝0.3m W＝1.5m）数量80株

低木（クルメツツジ　H＝0.5m　　　　　W＝0.4m）数量100本

園路工：カラーアスファルト舗装　　　　　　　　数量480㎡

擁壁工：鉄筋コンクリート擁壁工　H＝1.8m　　　B＝0.5m　　　L＝200m

（ウ）**現場の状況及び周辺の状況**について具体的に記述しなさい。

（関連工事の有無及びその内容も含む）

臨海埋立地であり，塩害による移植樹の枯損防止が必要な状況であり，近隣には小学校および病院があり，工事箇所周辺道路は，一般車両，歩行者等通行量が非常に多い状態で，資機材搬出入に影響が出る状況でもあった。

(3) 工事現場における**施工管理上のあなたの立場**を記述しなさい。

工事主任

(4) 上記工事の施工において，**課題があった管理項目名（工程管理又は品質管**

理）及びその課題の内容（背景及び理由を含む）を具体的に記述しなさい。

① 施工管理項目のうち，「工程管理」，又は「品質管理」のどちらか1つを選んで記入しなさい。

　　施工管理項目　　品質管理

② ①で選んだ施工管理項目上の課題の内容を具体的に記述しなさい。

　工事場所は臨海埋立地であり，埋め立て後期間が経過しておらず，クロガネモチの生育に塩害を与える可能性があり，品質確保のために処置が必要であった。

〔改善した文章〕

　事前調査の結果を参考に，設計図書に示された品質を確保させるため，技能者の適正配置を行い，工事の進め方や作業標準を決定し，全ての作業員に周知徹底を図り，施工中に測定した各記録の整理等，検査要員を適正に配置すること，及び植栽土壌改良工法が技術的課題になった。

(5) (4)の課題に対し，あなたが**現場で実施した処置又は対策を具体的に記述し**なさい。

① しゅんせつ土壌で測定値 pH 8.0〜9.0の強アルカリ性の砂質土であったので発酵樹皮，ピートモス等有機物が混合する土壌改良を施した。

② 掘り取り時の蒸散抑制剤散布，上鉢のかき取り，根巻きを行い枯死の防止をした。

③ 根鉢の埋め戻しは幹巻き後，水極めを行い，根の位置は浅植えとし南側を樹表として立て入れ，支柱取り付け部分は杉皮を巻き，防腐剤2回塗りの丸太にて取り付けを行った。以上の結果，塩害もなく所定の品質を得ることができた。

〔改善した文章〕

① 土壌改良責任者に指示をして，しゅんせつ土壌で測定値 pH 8.0〜9.0の強アルカリ性の砂質土であったので，発酵樹皮，ピートモス等有機物が混合する土壌改良をさせた。

② 作業責任者に指示をして，掘り取り時の蒸散抑制剤散布，上鉢のかき取り，根巻きをさせ，枯損防止をさせ，状況写真を撮らせ記録をさせた。

③ 職長に指示をして，根鉢の埋戻しは幹巻き後，水極めを行い，根の位置は浅植えとし南側を樹表として立て入れさせ，支柱取付け部分は杉皮を巻き，防腐剤2回塗りの丸太にて取付けさせた。以上の結果，塩害もなく，見栄えよく枯損防止ができた。

品質管理記述例 3

(1) 工　事　名　　○○公園整備工事

(2) 工事の内容

　(1)の工事に関し，以下の①〜⑤について明確に記述しなさい。

　　　①　施工場所　　○○県○○市○○町

　　　②　（ア）この工事の契約上の発注者名又は注文者名

　　　　　　発注者名　　株式会社○○土木工業

　　　　　（イ）この工事におけるあなたの所属する会社等の契約上の立場を，
　　　　　　解答欄の〔　　　〕内の該当するものに○を付けなさい。

　　　　　　　「その他」に○を付けた場合は（　　　）に契約上の立場を記述
　　　　　　しなさい。

　　　③　工　　期　　令和○年 5 月20日〜令和○年 8 月10日　約83日間

　　　④　工事金額又は請負代金額　　¥10,290,000 −

　　　⑤　工事概要

　　　　　（ア）工事の内容について具体的に記述しなさい。

　本工事は，団地内に擁壁を構築し，盛土施工後，公園広場に改良するもの
である。先行作業には，元請業者が行う土地造成工事が進捗していた。後続
作業として，仮設道路部分に移植工，園路工を並行作業するものであった。

　　　　　（イ）工事数量について具体的に記述しなさい。

移植工：高木（ウバメガシ　H＝3.0 m C＝0.15 m　W＝1.0 m）　数量50本

　　　　低木（アオキ　　　　H＝1.0 m　　　　　　　W＝0.7 m）　数量50株

園路工：カラーアスファルト舗装　　　　　　　　　　　　　　　数量100㎡

擁壁工：鉄筋コンクリート擁壁工　H＝1.0 m　　B＝0.2−0.5 m　　L＝80 m

　　　　　（ウ）現場の状況及び周辺の状況について具体的に記述しなさい。
　　　　　　　（関連工事の有無及びその内容も含む）

　工事仮設道路は，元請業者が行う土地造成工事用の大型ダンプトラック，
車両系建設機械が頻繁に通行し，植栽土壌の固結状態が進行しており，土壌
改良が必要であった。また，工事前面道路は，国道のため頻繁に一般車両が
通行し，近くの小学校の通学道路でもあり，通学時間帯は工事車両の通行規
制がある状況であった。

(3) 工事現場における施工管理上のあなたの立場

　工事主任

(4) 上記工事の施工において，**課題があった管理項目名（工程管理又は品質管理）及びその課題の内容（背景及び理由を含む）を具体的に記述しなさい。**

    ① 施工管理項目のうち，「工程管理」，又は「品質管理」のどちらか1つを選んで記入しなさい。

        施工管理項目　　品質管理

    ② ①で選んだ施工管理項目上の課題の内容を具体的に記述しなさい。

現場地盤の土壌環境圧として，通気性が悪く固結土壌のため土壌改良に重点を置くとともに，作業標準に基づく植栽工の品質確保に留意した。

〔改善した文章〕

先行作業の土地造成工事が完成後，仮設道路上に移植工を行うため，現場地盤の土壌環境圧として，固結土壌の改良に重点を置くとともに，擁壁工の出来形が設計図書に示された値を満たすため，基準高，幅，厚さ並びに長さについて，工事の進め方や作業標準を決定し，全ての作業員に周知徹底を図り，施工中に測定した各記録の整理等，検査要員を適正に配置すること等，綿密な管理体制が技術的課題であった。

(5) (4)の課題に対し，あなたが**現場で実施した処置又は対策を具体的に記述し**なさい。

① 土壌改良剤は，パーライト系の真珠岩系を採用し，酸素不足を解消するための通気性を改善した。

② 植付けは植穴の底をやや高めにし，遅効性肥料を施す場合は，分解時の熱の発生を避けるため，根に肥料が直接当たらないようにした。

③ 活着を重点に考慮した剪定整枝を行い，鳥居型支柱により振れを防ぎ，新根の伸長を促進した。

〔改善した文章〕

① 検査要員により，擁壁については基準高，幅，厚さ，長さのチェックを確実に実施し，園路についても，検査内容に基づく検査頻度により，出来形寸法を実測させ状況写真を撮影させた。

② 植栽責任者に指示をして，植付けは植穴の底をやや高めにさせ，遅効性肥料を施す場合は，分解時の熱の影響を避けるため，根に肥料が直接当たらないようにさせ確認をした。

③ 作業責任者に指示をして，活着を重点に考慮した剪定整枝をさせ，十字鳥居型支柱により振れを防ぎ，新根の伸長を促進させ，実施状況を撮影し記録した。

品質管理記述例4

(1) 工　事　名　　○○公園整備工事

(2) 工事の内容

(1)の工事に関し，以下の①〜⑤について**明確に記述**しなさい。

① 施工場所　　○○県○○市○○町

② （ア）工事の契約上の発注者名又は注文者名

　　発注者名　　株式会社○○建設

（イ）この工事におけるあなたの所属する会社等の契約上の立場を，解答欄の〔　　　〕内の該当するものに○を付けなさい。

「その他」に○を付けた場合は（　　　）に契約上の立場を記述しなさい。

③ 工　　期　　令和○年9月1日〜令和○年11月30日　　約91日間

④ 工事金額　　￥10,290,000−

⑤ 工事概要

（ア）**工事の内容について具体的に記述**しなさい。

　本工事は，遊休地に土地改良を加え，擁壁を構築し，盛土を施工して園路広場に改良するものである。事前調査の結果，施工場所は粘性土で一部湧水もある軟弱地盤で，擁壁基礎部の地耐力強化や植栽基盤改良後，擁壁工，園路工，移植工を行うものである。

（イ）**工事数量について具体的に記述**しなさい。

（例：工種，種別，細別，数量，規格等）

移植工：高木（オオシマザクラ H＝4.0 m C＝0.21 m W＝1.8 m）数量50本

　　　　低木（オオムラサキツツジ H＝0.8 m　　　　 W＝0.9 m）数量80本

園路工：カラーアスファルト舗装　　　　　　　　　　　　　　数量260㎡

擁壁工：鉄筋コンクリート擁壁工　H＝1.5 m　　　B＝0.5 m　　　L＝80 m

整地工：盛土工　　　　　　　　　　　　　　　　　　　　　　数量350㎡

（ウ）**現場の状況及び周辺の状況について具体的に記述**しなさい。

（関連工事の有無及びその内容も含む）

　元請業者の土地造成工事が進捗しており，後続工程として当社の園路・広場工事があり，建設発生土を盛土に有効利用するものである。

　工事箇所は住宅地で，周辺道路は近隣住民の生活道路であり，朝夕は通行量が多い状況であった。

(3) 工事現場における**施工管理上のあなたの立場**

　　工事主任

(4) 上記工事の施工において，**課題があった管理項目名（工程管理又は品質管理）及びその課題の内容（背景及び理由を含む）を具体的に記述しなさい。**

　　　① 施工管理項目のうち「工程管理」，又は「品質管理」のどちらか1つを選んで記入しなさい。

　　　施工管理項目　　品質管理

　　　② ①で選んだ施工管理項目上の課題の内容を具体的に記述しなさい。

　植栽工における活着率の向上及び作業標準の確立並びに園路工におけるカラーアスファルトの舗設温度，平たん性の確保に留意した。

〔改善した文章〕

　　この工事は，部分供用中の近隣公園において，土地改良を施工し，擁壁を構築し，盛土を施工して園路広場に改良するものである。

　　事前調査の結果を参考に，擁壁基礎部の地耐力強化や植栽基盤の改良を施工し，植栽工における移植樹木の活着率の向上，園路工における出来形規格値確保など，品質を確保するための，管理者としての指揮指導が課題であった。

(5) (4)の課題に対し，**あなたが現場で実施した処置又は対策を具体的に記述しなさい。**

① 樹木の植付けはあらかじめ設計図書に従い位置出しを行い，植穴は幹の根元直径4～6倍として底中心部を高めにした。また，現場地盤は地下水位が高く透水性が悪いため，頁岩の焼成物を土壌改良剤として施し，排水効果を高めた。

② 移植計画に基づき熟練者を適正配置し，掘り取り，運搬，植込みの一連作業を能率良く行い，附近の風致に応じ「表」「裏」を確かめて植え込みをした。

③ カラーアスファルト舗設温度110℃の温度管理，まき出し厚15cmとして，ロードローラにて入念な転圧を行い，平たん性を確保した。

〔改善した文章〕

① 植栽地盤改良責任者に指示をして，地耐力を得るため石灰安定処理を施工させ，植栽基盤に培養土を客土し，改良厚50cmを確保させ，実施状況を撮影した。

② 作業責任者に指示をして，設計図書に従い位置出しを行わせ，移植計画に基づき熟練者を適正配置させ，掘り取り，運搬，植込みの一連作業を効率

よくさせ，工事写真に記録した。

③　舗装作業員に指示をして，カラーアスファルト舗設温度110℃の温度管理，まき出し厚15 cm として，ロードローラにて入念な転圧をさせ，平たん性を確保させた。以上の結果，管理者としての指揮指導が活かされ，当初懸念された軟弱地盤が改善され，発注者の要求品質を確保し，樹木の活着率向上も図れた。

品質管理記述例5

⑴　工　事　名　○○公園整備工事

⑵　工事の内容

　⑴の工事に関し，以下の①～⑤について**明確に記述**しなさい。

　　　①　施工場所　○○県○○市○○町

　　　②　(ア)　この工事の契約上の発注者名又は注文者名

　　　　　発注者名　○○市公園課

　　　　(イ)　この工事におけるあなたの所属する会社等の契約上の立場を，
　　　　　解答欄の〔　　　〕内の該当するものに○を付けなさい。

　　　　　　「その他」に○を付けた場合は（　　　）に契約上の立場を記述
　　　　しなさい。

　　　③　工　　期　令和○年2月1日～令和○年3月30日　約58日間

　　　④　工事金額又は請負代金額　￥9,240,000-

　　　⑤　工事概要

　　　　(ア)　**工事の内容**について具体的に記述しなさい。

　工事場所は河川敷を埋め立てた公園で，近隣住民の憩いの場として公園利用者が多く，遊歩道に面しての植栽工，舗装工，ネットフェンスを張るものである。

　　　　(イ)　**工事数量**について具体的に記述しなさい。

　　　　　（例：工種，種別，細別，数量，規格等）

移植工：高木（イチョウ　　　H＝3.5m　C＝0.18m　W＝1.2m）　数量50株

　　　　低木（ウメモドキ　H＝1.0m　　　　　　　W＝0.4m）　数量100株

園路工：カラーアスファルト舗装　　　　　　　　　　　　　　数量360㎡

ネットフェンス工：　　　　　　H＝2.5m　L＝120m

整地工：盛土工　　　　　　　　　　　　　　　　　　　　　数量150㎡

　　　　(ウ)　**現場の状況及び周辺の状況**について具体的に記述しなさい。

　　　　　（関連工事の有無及びその内容も含む）

　河川敷の工事であるため，寒風が強く地盤は軟弱な粘性土であり，植栽基盤の改良及び冬期施工における技術の確保が必要であった。また関連工事として河川の護岸工事が進捗しており，周辺道路は工事車両が頻繁に通行し，資材保管場所が取れない状況であった。

(3) 工事現場における**施工管理上のあなたの立場**

工事主任

(4) 上記工事の施工において，**課題があった管理項目名（工程管理又は品質管理）及びその課題の内容（背景及び理由を含む）**を具体的に記述しなさい。

    ① 施工管理項目のうち，「工程管理」，又は「品質管理」のどちらか1つを選んで記入しなさい。

        施工管理項目　品質管理

    ② ①で選んだ施工管理項目上の課題の内容を具体的に記述しなさい。

植栽工における運搬時の品質確保及び植付け時の枯損防止，冬期間における園路工カラーアスファルトの舗設温度，平たん性の確保に留意した。

〔改善した文章〕

　この工事は，河川敷きを埋め立てた近隣公園での整備工事で，遊歩道に面しての植栽工，舗装工，ネットフェンスを張るものである。事前調査の結果，河川敷きの工事であるため，寒風が強く，地盤が軟弱な粘性土であり，植栽基盤の改良及び冬期施工における技術の確保が必要であった。また，圃場から現場までの所要運搬時間が1時間かかるため運搬方法や，園路用のカラーアスファルトの舗設温度，平たん性の確認など，管理者としての指揮指導が技術的課題であった。

(5) (4)の課題に対し，あなたが**現場で実施した処置又は対策**を具体的に記述しなさい。

① 掘り上げた鉢の土をよく締め込み，根巻きを確実に行い直根の切り直しやコールタールを塗り乾燥防止をし，幹の縄巻きにて損傷防止をした。

② 土壌環境圧として固結土壌であり通気性が悪いため，真珠岩の焼成物を土壌改良剤として施し，通気性の向上を図り，堆肥は直接根に当たらないようにして水極めを行った。

③ カラーアスファルト舗設温度110℃の温度管理，まき出し厚10 cmとして，ロードローラにて入念な転圧を行い，平たん性を確保した。

〔改善した文章〕

① 運搬責任者に指示をして，圃場で掘り上げた土をよく締め込み，枝葉の剪除，根巻き，蒸散抑制剤の散布，直根の切り直し部にコールタールを塗り乾燥防止を図らせ，幹の縄巻にて損傷防止をさせ，状況を撮影した。

② 植栽責任者に指示をして，土壌環境圧として，固結土壌で通気性が悪いため黒曜石パーライトを土壌改良材として施し，堆肥は直接根に当たらない

ようにして水極めをさせ，特に地盤に埋まる部分は，写真で記録させた。
③　園路施工責任者に指示をして，カラーアスファルト舗設温度110℃の温度管理，まき出し厚10 cmとして，ロードローラにて入念な転圧を実施させ，平たん性を確保させ，出来形を記録させた。
以上の結果，当初懸念した固結土壌が改善でき，移植樹木は活着し，園路工における規格値も確保できた。

品質管理記述例6

(1) 工　事　名　○○公園整備工事
(2) 工事の内容
　　(1)の工事に関し，以下の①〜⑤について**明確に記述**しなさい。
　　　　① 施工場所　○○県○○市○○町
　　　　② （ア）この工事の契約上の発注者名又は注文者名
　　　　　　発注者名　○○市公園課
　　　　　（イ）この工事におけるあなたの所属する会社等の契約上の立場を，
　　　　　　解答欄の〔　　　〕内の該当するものに○を付けなさい。
　　　　　　「その他」に○を付けた場合は（　　　）に契約上の立場を記述
　　　　　　しなさい。
　　　　③ 工　　期　令和○年5月15日〜令和○年7月31日　約78日間
　　　　④ 工事金額又は請負代金額　¥13,440,000−
　　　　⑤ 工事概要
　　　　　（ア）**工事の内容**について具体的に記述しなさい。
　　住宅街の中心部にある公園の整備工事であり，擁壁構築後ネットフェンス
を張り，盛土を施し，園路の整備及び高木，低木を移植するものである。
　　　　　（イ）**工事数量**について具体的に記述しなさい。
　　　　　　　（例：工種，種別，細別，数量，規格等）
移植工：高木（クロガネモチ　　H＝3.5 m C＝0.25 m W＝1.2 m）数量80本
　　　　低木（アベリア　　　　H＝0.8 m　　　　　　 W＝0.6 m）数量80本
園路工：カラーアスファルト舗装　　　　　　　　　　 数量150㎡
擁壁工：鉄筋コンクリート擁壁工　H＝1.0 m　　　 B＝0.3 m　　　 L＝50 m
ネットフェンス張工：　　　　　　H＝2.5 m　　　　　　　　　　 L＝80 m
　　　　　（ウ）**現場の状況及び周辺の状況**について具体的に記述しなさい。
　　　　　　　（関連工事の有無及びその内容も含む）
　　住宅街であり朝の通勤通学時間帯は，周辺道路の通行量が多く，交通規制
があった。また，昼間は騒音振動に留意する必要があった。そのため工事に
対する住民の理解が必要であり，工事の円滑な運営にも支障をきたす状況で
もあった。
(3) 工事現場における**施工管理上のあなたの立場**
　　工事主任

(4) 上記工事の施工において，**課題があった管理項目名（工程管理又は品質管理）及びその課題の内容（背景及び理由を含む）を具体的に記述しなさい。**

　　　① 施工管理項目のうち，「工程管理」，又は「品質管理」のどちらか1つを選んで記入しなさい。

　　　　施工管理項目　　品質管理

　　　② ①で選んだ施工管理項目上の課題の内容を具体的に記述しなさい。

低木（アベリア）と高木（クロガネモチ）の移植適期が少し異なるため，枯損防止に留意するとともに，鉄筋コンクリート擁壁工におけるコンクリートの品質確保にも留意した。

〔改善した文章〕

　　この工事は，住宅街の中心部にある街区公園の整備工事であり，擁壁構築後ネットフェンスを張り，盛土を施し，園路の整備及び高木（クロガネモチ）80本，低木（アベリア）80本を移植するものである。

　　事前調査の結果，高木（クロガネモチ）と低木（アベリア）の移植適期が少し異なるための，枯損防止及び梅雨期における鉄筋コンクリート擁壁工におけるコンクリート品質確保等，施工管理技士としての指揮指導が課題であった。

(5) (4)の課題に対し，あなたが**現場で実施した処置又は対策を具体的に記述し**なさい。

　　① 使用樹木は常緑広葉樹であるため，蒸散抑制剤を散布し萎凋（いちょう）現象（おとろえしぼむこと）及び枯死を防止した。

　　② 発根のために鳥居型支柱を堅固に設け，風などによる振れを防止し，活着の促進を図った。

　　③ コンクリートについては，スランプ値の変動を，早期につかむため打設日（午前・午後）毎に2回スランプ試験を行い，規定値の確認をし，締固めを十分に行い，コールドジョイントの防止及び湿潤養生を7日間行った。

以上の結果，当初懸念した移植適期のズレをカバーでき，コンクリートの品質も確保した。

〔改善した文章〕

　　① 運搬責任者に指示をして，使用樹木は常緑広葉樹であるため，蒸散抑制剤を散布させ，実施状況を写真に記録させ，萎凋現象（おとろえしぼむ）及び枯死を防止させた。

　　② 移植責任者に指示をして，発根のために鳥居型支柱を堅固に設け，施工後手でもって確認し，風などによる振れを防止させ，活着の促進を図らせ

た。

③ 擁壁工作業員に指示をして，コンクリートについては，スランプ値の変動を早期につかむため，打設日（午前・午後）毎に2回スランプ試験を行い，チェックリストにて，規定値の確認をさせ，締固めを十分に行い，コールドジョイントの防止及び湿潤養生を7日間行わせた。その結果，当初懸念した移植適期のズレを克服し，コンクリートの強度も確保することができた。

品質管理記述例7

(1) 工　事　名　　○○公園整備工事

(2) 工事の内容

　　(1)の工事に関し，以下の①～⑤について明確に記述しなさい。

　　　　①　施工場所　　○○県○○市○○町

　　　　②　(ア) この工事の契約上の発注者名又は注文者名

　　　　　　発注者名　　○○市公園課

　　　　　　(イ) この工事におけるあなたの所属する会社等の契約上の立場を，
　　　　　　解答欄の〔　　　〕内の該当するものに○を付けなさい。
　　　　　　「その他」に○を付けた場合は（　　　）に契約上の立場を記述
　　　　　　しなさい。

　　　　③　工　期　　令和○年5月15日～令和○年7月31日　約78日間

　　　　④　工事金額又は請負代金額　　¥12,705,000 －

　　　　⑤　工事概要

　　　　　　(ア) 工事の内容について具体的に記述しなさい。

　　河川敷にある公園整備工事であり，整地工は地盤改良工を含めた大がかり
なものであり，園路を新設し緑陰のために高木，低木を植栽し，土手部分に
張芝を施工するものである。

　　　　　　(イ) 工事数量について具体的に記述しなさい。

植栽工：高木（クロガネモチ　H＝4.0 m C＝0.3 m W＝1.5 m）数量30株

　　　　低木（クルメツツジ　H＝0.5 m　　　　　W＝0.4 m）数量120本

園路工：カラーアスファルト舗装　　　　　　　　　　　　数量450㎡

張芝工：コウライシバ　　　　　　　　　　　　　　　　　580㎡

　　　　　　(ウ) 現場の状況及び周辺の状況について具体的に記述しなさい。
　　　　　　　　（関連工事の有無及びその内容も含む）

　　先行作業として土木業者の護岸工事が進捗しており，当社の公園整備工事
が後続作業であった。工事箇所周辺は，公園利用者が平日でも多い状態であ
った。

(3) 工事現場における**施工管理上のあなたの立場**

　　工事主任

(4) 上記工事の施工において，**課題があった管理項目名（工程管理又は品質管
理）及びその課題の内容（背景及び理由を含む）**を具体的に記述しなさい。

① 施工管理項目のうち「工程管理」，又は「品質管理」のどちらか1つを選んで記入しなさい。

施工管理項目　　品質管理

② ①で選んだ施工管理項目上の課題の内容を具体的に記述しなさい。

現場地盤の土壌環境圧として，固結土壌であり透水性が悪く，土層構造が悪いため，透水性の向上及び移植における運搬距離があるため，枯損防止に留意した。

〔改善した文章〕

この工事は，河川敷きにある運動公園の整備工事で，整地工は地盤改良工を含めた大がかりなものであり，園路を新設し緑陰のために高木（クロガネモチ）30株を植栽し，土手部分に張芝を施工するものである。

事前調査として，現地盤の土壌環境圧として，固結土壌であり透水性が悪く，土層構造が悪いため，透水性の改善が必要であった。また，植栽における運搬距離があるため，枯損防止が必要であった。そのため，管理者としての指揮指導が技術的課題になった。

(5) (4)の課題に対し，あなたが**現場で実施した処置又は対策**を具体的に記述しなさい。

① 土壌改良剤として，パーライト系（黒曜石）により透水性を改善し，オレフィン系により土壌団粒化の促進を図った。

② 運搬準備として直根の切り直し，幹の縄巻き，枝おろし，枝おりを完全に行い運搬時は蒸散抑制剤を散布し，所定の品質を確保した。

以上の結果，通気性，透水性が改善でき，その後の生育は順調である。

〔改善した文章〕

① 作業責任者に指示をして，土壌改良剤として，黒曜石パーライトにより透水性を改善させ，バーク堆肥により土壌団粒化の促進を図らせ，作業状況を写真記録にした。

② 運搬責任者に指示をして，運搬準備として直根の切り直し，幹の縄巻き，枝おろし，枝おりを完全にさせ，運搬時は蒸散抑制剤を散布させ，乾燥防止をさせ実施状況を撮らせた。

③ 植栽責任者に指示をして，植穴は大きめに掘り，客土と元肥を完全に行わせ，作業状況を写真に撮り，埋め込み後は，樹木が揺れないよう三脚鳥居型支柱を堅固に組立てさせ，手で持ってゆすり確認した。

以上の結果，植栽基盤の改良ができ，通気性，透水性が改善でき，その後の生育は順調である。

品質管理記述例 8

⑴ 工　事　名　　○○公園整備工事

⑵ 工事の内容

　⑴の工事に関し，以下の①～⑤について**明確に記述**しなさい。

　　① 施工場所　　○○県○○市○○町

　　② （ア）この工事の契約上の発注者名又は注文者名

　　　　　発注者名　　○○市公園課

　　　（イ）この工事におけるあなたの所属する会社等の契約上の立場を，

　　　　解答欄の〔　　　　〕内の該当するものに○を付けなさい。

　　　　「その他」に○を付けた場合は（　　　　）に契約上の立場を記述

　　　しなさい。

　　③ 工　　　期　　令和○年5月15日～令和○年7月31日　約78日間

　　④ 工事金額　　￥11,760,000－

　　⑤ 工事概要

　　　（ア）**工事の内容について具体的に記述**しなさい。

　　閑静な住宅内における児童公園の整備工事であり，擁壁構築後フェンスを
張り，公園内に園路を設け，周辺に移植工を施すものである。

　　　（イ）**工事数量について具体的に記述**しなさい。

　　　　　（例：工種，種別，細別，数量，規格等）

移植工：高木（クロガネモチ　　H＝3.5m C＝0.25m W＝1.2m）数量80本

　　　　低木（アベリア　　　　H＝0.8m　　　　　　W＝0.6m）数量100本

園路工：カラーアスファルト舗装　　　　　　　　　　　　　　数量480㎡

擁壁工：鉄筋コンクリート擁壁工　H＝1.5m　　B＝0.2－0.8m　L＝120m

フェンス工：　　　　　　　　　H＝1.5m　　　　　　　　　L＝120m

　　　（ウ）**現場の状況及び周辺の状況について具体的に記述**しなさい。

　　　　　（関連工事の有無及びその内容も含む）

　　工事箇所の前面道路は，生活道路になっていて，通勤，通学時間帯は多く
の通行がある状態であった。閑静な住宅内のため，騒音・振動に細心の注意
を払う必要があり，工事に対する住民の理解と協力が必要であった。

⑶ 工事現場における**施工管理上のあなたの立場**

　　工事主任

⑷ 上記工事の施工において，**課題があった管理項目名（工程管理又は品質管理）及びその課題の内容（背景及び理由を含む）**を具体的に記述しなさい。

　　① 施工管理項目のうち「工程管理」，又は「品質管理」のどちらか1つを選んで記入しなさい。

　　　施工管理項目　　品質管理

　　② ①で選んだ施工管理項目上の課題を具体的に記述しなさい。

低木と高木の移植適期が少しずれるため，枯損防止に留意するとともに，鉄筋コンクリート擁壁工におけるコンクリートの品質確保に留意し，掘取り，運搬，植込みの一連の作業における技術力確保にも留意した。

〔改善した文章〕

　　この工事は，閑静な住宅内における街区公園の整備工事であり，擁壁構築後フェンスを張り，公園内に園路を設け，周辺に移植工を施すものである。事前調査の結果，高木と低木の移植適期のずれのため，枯損防止に細心の注意を払うとともに，圃場から現場までの距離が，20 kmもあり，運搬時の乾燥防止の必要があった。また，植栽地盤も，固結粘質土であり，地表から2.0 m以上厚く分布し，不透水層を形成していて，良質土による表土盛土が必要な状態であった。そのため，移植樹木の活着率の向上が，技術的課題になった。

⑸ ⑷の課題に対し，あなたが**現場で実施した処置又は対策**を具体的に記述しなさい。

　　① 大量の移植のため，熟練者を中心に作業班を編成し掘取り前の灌水（かんすい）を行い，枝おろし，枝しおりを適切にした。また，高木の鉢径および植え穴容量を適正に算出した。また，運搬方法は風や日射を防ぐためシートで覆い，蒸散抑制剤を使用し，蒸散防止，萎凋（いちょうげんしょう）現象を防止した。

　　② コンクリート打設時は，スランプ値の変動を早期につかむため打設日（午前・午後）毎に2回スランプ試験を行い規定値の確認をし，締固めを十分に行いコールドジョイントの防止及び湿潤養生を7日間行った。

以上の結果，当初懸念した技術力を発揮でき品質を確保した。

〔改善した文章〕

　　① 職長に指示をして，大量の移植のため，熟練者を中心に作業班を編成し，掘り取り前の灌水をさせ，枝おろし，枝おり，を適切にさせ実施状況を写真に記録させた。また，高木の鉢径および植穴容量を適正に算出させ，運搬方法は風や日射を防ぐためシートで覆い，蒸散抑制剤を使用し，蒸散防

止，萎凋現象を防止させた。

② 植栽責任者に指示をして，幹巻きを十分に行って樹温を緩和し，植栽時に十分灌水を行わせ，マルチングを行って地温を緩和し，発根のために三脚鳥居型支柱を設け，風による振れを防止し，活着の促進を図らせ，チェックシートで確認させた。

以上の結果，当初懸念した植栽地盤の改良ができ，移植適期のズレの改善により，活着率の向上を図ることができた。

品質管理記述例9

(1) 工　事　名　　○○公園整備工事

(2) 工事の内容

(1)の工事に関し，以下の①～⑤について**明確に**記述しなさい。

　　　① 施工場所　　○○県○○市○○町

　　　② (ア) この工事の契約上の発注者名又は注文者名

　　　　　発注者名　　○○市公園課

　　　　(イ) この工事における**あなたの所属する会社等**の契約上の立場を，

　　　　　解答欄の〔　　　〕内の該当するものに○を付けなさい。

　　　　　「その他」に○を付けた場合は（　　　）に契約上の立場を記述

　　　　　しなさい。

　　　③ 工　　期　　令和○年10月20日～令和○年12月15日　約57日間

　　　④ 工事金額又は請負代金額　　￥9,765,000 −

　　　⑤ 工事概要

　　　　(ア) **工事の内容**について具体的に記述しなさい。

　当該工事は，擁壁構築後，盛土を施し園路工を築造し，圃場より高木，中木，低木を搬入し移植を行うものである。冬季における工事のため，各工事は外気温に影響されるため，保温養生や寒害防止に留意する工事となった。

　　　　(イ) **工事数量**について具体的に記述しなさい。

移植工：高木（ケヤキ　H＝3.0 m　　C＝0.12 m　　W＝1.0 m）　数量20本

　　　　　中木（トウネズミモチ H＝2.5 m　　　　　W＝1.0 m）　数量10本

　　　　　低木（アオキ　H＝1.0 m　　　　　　　　　W＝0.7 m）　数量30本

園路工：カラーアスファルト舗装　　　　　　　　　　　　　　数量100㎡

擁壁工：鉄筋コンクリート擁壁工　H＝1.0 m　B＝0.2−0.5 m　L＝80 m

　　　　(ウ) **現場の状況及び周辺の状況**について具体的に記述しなさい。

　　　　　（関連工事の有無及びその内容も含む）

　工事箇所前面道路は，国道であり頻繁に一般車両が通行し，近くの小学校の通学道路でもあり，通学時間帯は工事車両の通行規制がある状況であった。現場は高台にあるため，冬季特有の寒風が強く，夜間の気温は氷点下となった。

(3) 工事現場における**施工管理上のあなたの立場**

工事主任

⑷　上記工事の施工において，**課題があった管理項目名（工程管理又は品質管理）及びその課題の内容（背景及び理由を含む）を具体的に記述しなさい。**

　　　①　施工管理項目のうち，「工程管理」，又は「品質管理」のどちらか1つを選んで記入しなさい。

　　　　　施工管理項目　　　品質管理

　　　②　①で選んだ施工管理項目上の課題の内容を具体的に記述しなさい。

　ケヤキの植栽工の時期が工程調整の遅れにより12月上旬となり，気温低下のための寒害防止が必要であり，現場地盤の土壌環境圧として，通気性が悪く固結土壌のため土壌改良に重点を置くとともに，作業標準に基づく植栽工の品質確保に留意した。

〔改善した文章〕

　　この工事は，一部供用を開始している近隣公園の未供用区域において，移植工として，高木（ケヤキ）20本，中木（トウネズミモチ）10本，低木（アオキ）30本を公園東側に植栽し，北側境界部分に擁壁工を構築し，その前面に園路工を設けるものであった。

　　事前調査の結果，ケヤキの植栽工の時期が工程調整の遅れにより，12月上旬となり，気温低下のための寒害防止が必要であった。また，現地盤の土壌環境圧として，通気性が悪く，固結粘性土壌のため，土壌改良の必要もあった。そのため，作業標準に基づく植栽樹木の枯損防止が課題となった。

⑸　⑷の課題に対し，あなたが**現場で実施した処置又は対策を具体的に記述し**なさい。

　①　ケヤキの搬入時期の打合せを業者と綿密に行うとともに，樽巻きの指示をした。また，水極め時は，日中気温が高くなる時間帯にて作業を行い，土壌改良剤は，パーライト系の真珠岩系を採用し，酸素不足を解消するための通気性を改善した。

　②　植付けは植穴の底をやや高めにし，遅効性肥料を施す場合は，分解時の熱の影響を避けるため，根に肥料が直接当たらないようにした。また，立入れ前に幹巻きを行い寒害の防止をし，支柱と樹幹の取付け部分はすべて杉皮を巻きつけた。

　③　活着を重点に考慮した剪定整枝を行い，鳥居型支柱により振れを防ぎ，新根の伸長を促進した。以上の結果，枯損もなく所定の品質を得ることができた。

〔改善した文章〕

　①　作業責任者に指示をして，ケヤキの搬入時期の打合せを卸売業者と綿密

に行わせ，樽巻きをさせた。また，水極め時は，日中気温が高くなる時間帯にて作業を行わせ，土壌改良剤は，黒曜石パーライトを採用し，酸素不足を解消するための通気性を改善させ，作業状況を写真で記録させた。

②　植栽作業員に指示をして，植付けは植穴の底をやや高めにし，遅効性肥料を施す場合は，分解時の熱の影響を避けるため，根に肥料が直接当たらないようにさせた。また，立入れ前に幹巻きを行い寒害の防止をさせ，支柱と樹幹の取付け部分は全て杉皮を巻き付けさせ，チェックシートにて確認した。

③　職長に指示をして，活着を重点に考慮した剪定整枝をさせ，三脚鳥居型支柱により振れを防ぎ幼根の伸長を促進させた。以上の結果，当初懸念した寒害もなく，枯損防止ができた。

品質管理記述例10

⑴ 工 事 名　○○公園整備工事

⑵ 工事の内容

⑴の工事に関し，以下の①〜⑤について明確に記述しなさい。

 ① 施工場所　○○県○○市○○町

 ② （ア）この工事の契約上の発注者名又は注文者名

  発注者名　○○市公園課

  （イ）この工事におけるあなたの所属する会社等の契約上の立場を，解答欄の〔　　〕内の該当するものに○を付けなさい。

   「その他」に○を付けた場合は（　　）に契約上の立場を記述しなさい。

 ③ 工　　期　令和○年 5 月 1 日〜令和○年 7 月31日　約92日間

 ④ 工事金額又は請負代金額　￥11,550,000 −

 ⑤ 工事概要

  （ア）工事の内容について具体的に記述しなさい。

　当該工事は，近隣住民の防災避難場所として，公園整備を行うものである。擁壁構築後，盛土を行い，比較的防火力に富む高木（クロガネモチ）低木（クルメツツジ）を公園周囲に移植し，避難通路としての園路を整備するものである。

  （イ）工事数量について具体的に記述しなさい。

   （例：工種，種別，細別，数量，規格等）

移植工：高木（クロガネモチ H＝3.5 m　C＝0.3 m　W＝1.5 m）			数量80本
低木（クルメツツジ H＝0.5 m		W＝0.4 m）	数量100本
園路工：カラーアスファルト舗装			数量280㎡
擁壁工：鉄筋コンクリート擁壁工　H＝1.8 m	B＝0.5 m	L＝50 m	
整地工：盛土工			数量350㎡

  （ウ）現場の状況及び周辺の状況について具体的に記述しなさい。

   （関連工事の有無及びその内容も含む）

　工事場所は近隣住民の憩いの場として，公園利用者が多く，周辺道路は通学道路であるが，歩道もなく道路幅員が狭いものであった。

⑶ 工事現場における施工管理上のあなたの立場

　工事主任

⑷　上記工事の施工において，**課題があった管理項目名（工程管理又は品質管理）及びその課題の内容（背景及び理由を含む）**を具体的に記述しなさい。

　　　　①　施工管理項目のうち「工程管理」，又は「品質管理」のどちらか1つを選んで記入しなさい。

　　　　施工管理項目　　品質管理

　　　　②　①で選んだ施工管理項目上の課題の内容を具体的に記述しなさい。

　工事箇所が臨海埋立地のため，また，埋め立て後期間が経過しておらずクロガネモチの生育に塩害を与える可能性があり，植栽工における活着率の向上及び作業標準の確立に留意した。

〔改善した文章〕

　　本工事は，臨海埋立て地にある近隣公園の整備工事で，高木（クロガネモチ）80本，低木（クルメツツジ）100本を公園東側に植栽し，北側境界部分に擁壁を築造し，園路工をカラーアスファルトに改良するものであった。

　　事前調査の結果，工事箇所が臨海埋立て地のため，埋め立て後期間が経過しておらずクロガネモチの生育に塩害を与えるおそれがあり，植栽工における活着率の向上が，技術的課題であった。

⑸　⑷の課題に対し，あなたが**現場で実施した処置又は対策**を具体的に記述しなさい。

　①　しゅんせつ土壌の為，測定値pH 8.0〜9.0の強アルカリ性の砂質土であったので，発酵樹皮，ピートモス等有機物の混合する土壌改良を施した。樹木の植付けはあらかじめ設計図書に従い位置出しを行い，植穴は幹の根元直径4〜6倍として底中心部を高めにした。

　②　移植計画に基づき熟練者を適正配置し，根鉢の埋め戻しは，幹巻き後，水極めを行い，根の位置は浅植えとし南側を樹表として立入れ，掘り取り，運搬，植込みの一連作業を能率良く行い，附近の風致に応じ「表」「裏」を確かめて植え込みをした。以上の結果，枯損もなく活着率の向上が図れ，所定の品質を得ることができた。

〔改善した文章〕

　①　作業責任者に指示をして，しゅんせつ土壌はpH測定値8.0〜9.0の強アルカリ性砂質土の為，発酵樹皮，ピートモス等有機物を混合する土壌改良をさせ，写真により記録させた。樹木の植付けは，あらかじめ設計図書に従い位置出しをさせ，植穴は幹の根元直径4〜6倍として，底中心部を高めにさせた。

　②　職長に指示をして，移植計画に基づき熟練者を適正配置させ，根鉢の埋

戻しは，幹巻き後，水極めをさせ，根の位置は浅植えとし南側を樹表として立入れ，掘り取り，運搬，植込みの一連の作業を能率よく行わせ，附近の風致に応じ「表」「裏」を確かめて植込みをさせた。以上の結果，当初懸念したアルカリ土壌も改善され，枯損もなく，活着率の向上を図れた。

品質管理記述例11

(1)　工　事　名　　○○公園整備工事

(2)　工事の内容

　　(1)の工事に関し，以下の①～⑤について明確に記述しなさい。

　　　　①　施工場所　　○○県○○市○○町

　　　　②　(ア) この工事の契約上の発注者名又は注文者名

　　　　　　発注者名　　○○市公園課

　　　　　(イ) この工事におけるあなたの所属する会社等の契約上の立場を，

　　　　　解答欄の〔　　　〕内の該当するものに○を付けなさい。

　　　　　「その他」に○を付けた場合は（　　　）に契約上の立場を記述

　　　　しなさい。

　　　　③　工　　期　　令和○年 5 月15日～令和○年 8 月15日　　約93日間

　　　　④　工事金額又は請負代金額　　￥13,650,000－

　　　　⑤　工事概要

　　　　　(ア) 工事の内容について具体的に記述しなさい。

　　河川敷にある公園整備工事であり，整地工は地盤改良工を含めた大がかり
な工事であった。高木（ウバメガシ）80本，低木（アオキ）120株を園路
（延長158 m）に沿って植栽するものである。

　　　　　(イ) 工事数量について具体的に記述しなさい。

　　　　　　（例：工種，種別，細別，数量，規格等）

植栽工：高木（ウバメガシ　　H＝3.0 m C＝0.15 m W＝1.0 m）数量80本

　　　　　低木（アオキ　　　　H＝1.0 m　　　　　　　W＝0.7 m）数量120株

園路工：カラーアスファルト舗装　　　　　　　　　　　数量450㎡

ネットフェンス：　　　　　　　H＝2.5 m　　　　　　　L＝120 m

整地工：盛土工　　　　　　　　　　　　　　　　　　　数量550 ㎥

　　　　　(ウ) 現場の状況及び周辺の状況について具体的に記述しなさい。

　　　　　　（関連工事の有無及びその内容も含む）

　　先行作業として，土木工事のグランド造成工事が進捗しており，大型重機
が錯綜し稼動する状態であった。また，工事箇所周辺は，平日でも公園利用
者が多い状態であった。

(3)　工事現場における施工管理上のあなたの立場

　　工事主任

(4)　上記工事の施工において，**課題があった管理項目名（工程管理又は品質管理）及びその課題の内容（背景及び理由を含む）を具体的に記述しなさい。**

　　　① 施工管理項目のうち「工程管理」，又は「品質管理」のどちらか1つを選んで記入しなさい。

　　　　施工管理項目　　品質管理

　　　② ①で選んだ施工管理項目上の課題の内容を具体的に記述しなさい。

　　植栽適期より若干時期が遅れる上に，現場地盤の土壌環境圧として，通気性が悪い固結土壌であり透水性が悪く，土層構造が悪いため，透水性の向上及び移植における運搬距離があるため，枯損防止に留意した。

〔改善した文章〕

　　この工事は，河川敷きにある街区公園の整備工事であり，整地工は地盤改良工を含めた大がかりな工事であった。高木（ウバメガシ）80本，低木（アオキ）120株を園路（延長158 m）に沿って植栽するものであった。

　　事前調査の結果，植栽適期より若干時期が遅れる上に，現場地盤の土壌環境圧として，通気性が悪い固結粘性土であり透水性が悪く，土層構造が悪いため，透水性の向上及び移植における運搬距離があるため，枯損防止が技術的課題になった。

(5)　(4)の課題に対し，あなたが**現場で実施した処置又は対策を具体的に記述し**なさい。

　① 根回しものが入手できないため，根鉢を大きめに取り，枝抜きを強めにし，葉のしごきを行った上に蒸散抑制剤を十分に散布し，幹巻きにより樹温を緩和し水分蒸散量の抑制を図った。

　② 土壌改良剤として，パーライト系（黒曜石）により透水性を改善し，オレフィン系により土壌団粒化の促進を図り，植え穴を大きめに掘り，良質の客土を用いて遅効性肥料が根に当らないように埋め戻した。

　③ 活着を図るために剪定整枝を行い，二脚鳥居型支柱により振れを防ぎ，新根の成長を促した結果，通気性，透水性が改善でき，その後の生育は順調である。

〔改善した文章〕

　① 植栽運搬責任者に指示をして，根回しものが入手できないため，根鉢を大きめに取り，枝抜きを強めにさせ，葉のしごきを行った上に蒸散抑制剤を十分に散布させ，幹巻きにより樹温を緩和し水分蒸散量の抑制を図らせた。

　② 植栽作業員に指示をして，土壌改良剤として，黒曜石パーライトにより透水性を改善し，バーク堆肥により土壌団粒化の促進を図り，植穴を大きめ

に掘り，良質の客土を用いて遅効性肥料が根に当たらないように，埋戻しを
させ，実施状況を写真で記録させた。
③　活着を図るために職長に指示をして，剪定整枝をさせ，二脚鳥居型支柱
により振れを防ぎ，幼根の成長を促した。以上の結果，通気性，透水性が改
善でき，その後の生育は順調である。

品質管理記述例12

⑴　工　事　名　　○○墓苑整備工事

⑵　工事の内容

　⑴の工事に関し，以下の①〜⑤について明確に記述しなさい。

　　①　施工場所　　○○県○○市○○町

　　②　（ア）この工事の契約上の発注者名又は注文者名

　　　　　注文者名　　○○寺住職

　　　　（イ）この工事におけるあなたの所属する会社等の契約上の立場を，

　　　　　解答欄の〔　　〕内の該当するものに○を付けなさい。

　　　　　　「その他」に○を付けた場合は（　　）に契約上の立場を記述

　　　　　しなさい。

　　③　工　　期　令和○年6月1日〜令和○年8月15日　約76日間

　　④　工事金額又は請負代金額　　¥13,440,000−

　　⑤　工事概要

　　　　（ア）工事の内容について具体的に記述しなさい。

　郊外にあるお寺の墓苑整備工事であり，擁壁構築後，園路を築造し高木，低木を植樹するものである。「憩い」と「ゆとり」をテーマに自然とのコミュニケーションを活かす工事である。

　　　　（イ）工事数量について具体的に記述しなさい。

　　　　　　（例：工種，種別，細別，数量，規格等）

移植工：高木（サンゴジュ　　H＝2.5 m　　　W＝0.8 m）		数量50本
高木（ヤブツバキ　　H＝3.0 m C＝0.15 m W＝1.0 m）		数量30本
低木（アオキ　　　　H＝1.0 m W＝0.7 m）		数量50株
園路工：カラーアスファルト舗装		数量150㎡
擁壁工：鉄筋コンクリート擁壁工　H＝1.0 m　　　B＝0.3 m		L＝50 m
ネットフェンス張工：　　　　　　H＝2.5 m		L＝80 m

　　　　（ウ）現場の状況及び周辺の状況について具体的に記述しなさい。

　　　　　　（関連工事の有無及びその内容も含む）

　工事箇所は，山の斜面を活用した墓苑のため，土木業者の墓苑造成工事が先行しており，出合い帳場となり大型重機が輻輳する状態であった。また，工事前面道路は，生活道路になっていて通勤，通学時間帯は一般車両，歩行者の通行が非常に多い状態でもあった。

(3) 工事現場における**施工管理上のあなたの立場**

　　工事主任

(4) 上記工事の施工において，**課題があった管理項目名（工程管理又は品質管理）及びその課題の内容（背景及び理由を含む）**を具体的に記述しなさい。

　　　① 施工管理項目のうち「工程管理」，又は「品質管理」のどちらか1つを選んで記入しなさい。

　　　　　施工管理項目　　品質管理

　　　② ①で選んだ施工管理項目上の課題の内容を具体的に記述しなさい。

高木（サンゴジュ），（ヤブツバキ）の移植適期及び低木（アオキ）の植栽適期より，契約工期上夏季となり，若干適期をはずすため，生育サイクルを考慮した枯損防止に留意した。

〔改善した文章〕

　　この工事は，郊外にあるお寺の墓苑整備工事であり，擁壁構築後，園路を築造し高木（サンゴジュ），（ヤブツバキ），低木（アオキ）を植栽するものである。「憩い」と「ゆとり」をテーマに自然とのコミュニケーションを活かす工事であった。

　　事前調査の結果，高木（サンゴジュ），（ヤブツバキ）の移植適期及び低木（アオキ）の植栽適期より，契約工期上夏期となり，若干適期をはずすため，生育サイクルを考慮した枯損防止が課題になった。

(5) (4)の課題に対し，あなたが**現場で実施した処置又は対策**を具体的に記述しなさい。

　　① 根回しものが入手出来ないので，根鉢を大きめに取り，枝抜きを強めにし，さらに葉のしごきを行った後，蒸散抑制剤を散布し，萎凋現象（おとろえしぼむこと）及び枯死を防止した。

　　② 幹巻きを十分に行って樹温を緩和し，水分蒸散量の抑制も図り，植栽時に十分に灌水を行うとともに，マルチングを行って地温を緩和し，水分の蒸発を抑え，発根のために鳥居型支柱を堅固に設け，風などによる振れを防止し，活着の促進を図った。

　　③ 設計意図を現地に反映させるため，綿密に施工図面を作成し，それに基づき配植を行った。

以上の結果，当初懸念した移植適期のズレをカバーでき，その後の生育は順調である。

〔改善した文章〕

　　① 植栽責任者に指示をして，根回しものが入手できないので，根鉢を大き

めに取り，枝抜きを強めにし，さらに葉のしごきを行った後，蒸散抑制剤を散布し，萎凋現象及び枯死を防止させ，作業状況を写真で記録させた。

②　作業員に指示をして，幹巻きを十分に行って樹温を緩和し，水分蒸散量の抑制も図り，植栽時に十分灌水を行うとともに，マルチングを行って地温を緩和させ，発根のために三脚鳥居型支柱を堅固に設け，風などによる振れを防止し，手で持って確認し，チェックシートに明記して，活着の促進を図らせた。

③　職長に指示をして，設計意図を現地に反映させるため，綿密に施工図面を作成し，それに基づき配植を行わせ，「憩い」と「ゆとり」の確保を行わせた。以上の結果，当初懸念した移植適期のズレをカバーでき，その後の生育は順調である。

品質管理記述例13

⑴ 工　事　名　○○寺霊園整備工事

⑵ 工事の内容

　⑴の工事に関し，以下の①〜⑤について明確に記述しなさい。

　　① 施工場所　○○県○○市○○町

　　② （ア）この工事の契約上の発注者名又は注文者名

　　　　注文者名　○○寺住職

　　（イ）この工事におけるあなたの所属する会社等の契約上の立場を，解答欄の〔　　〕内の該当するものに○を付けなさい。

　　　　「その他」に○を付けた場合は（　　）に契約上の立場を記述しなさい。

　　③ 工　期　令和○年4月15日〜令和○年7月31日　約108日間

　　④ 工事金額又は請負代金額　￥10,185,000−

　　⑤ 工事概要

　　（ア）工事の内容について具体的に記述しなさい。

　山の斜面に霊園の造成を行い，それに続く園路を築造するため擁壁工を構築し，緑陰として高木（モチノキ）50株，低木（キリシマツツジ）100本を移植する工事である。現場事前調査の結果，酸性土壌であり，大規模な土壌改良が必要であった。

　　（イ）工事数量について具体的に記述しなさい。

　　　　（例：工種，種別，細別，数量，規格等）

移植工：高木（モチノキ　　　　H＝3.5 m C＝0.21 m W＝1.2 m）数量50株

　　　　低木（キリシマツツジ H＝0.6 m　　　　　　　W＝0.5 m）数量100本

園路工：カラーアスファルト舗装　　　　　　　　　数量220㎡

擁壁工：鉄筋コンクリート擁壁工　H＝1.8 m　B＝0.2−1.5 m　L＝150 m

フェンス張工：　　　　　　　H＝1.5 m　　　　　　　L＝150 m

　　（ウ）現場の状況及び周辺の状況について具体的に記述しなさい。

　　　　（関連工事の有無及びその内容も含む）

　霊園造成工事については土木業者が，先行作業として施工中であり，並行作業として当社の擁壁工，園路工を行うものである。資材搬入路は，山土のためトラフィカビリティの確保ができず，土木業者と協力して改良を行う状況であった。

(3) 工事現場における**施工管理上のあなたの立場**

　　工事主任

(4) 上記工事の施工において，**課題があった管理項目名（工程管理又は品質管理）及びその課題の内容（背景及び理由を含む）を具体的に記述しなさい。**

　　　　① 施工管理項目のうち「工程管理」，又は「品質管理」のどちらか1つを選んで記入しなさい。

　　　　施工管理項目　　品質管理

　　　　② ①で選んだ施工管理項目上の課題の内容を具体的に記述しなさい。

　樹木の掘り取り及び長距離運搬になるために萎凋（おとろえ，しぼむこと）現象の防止並びに鉄筋コンクリート擁壁工における出来形管理に留意した。

〔改善した文章〕

　　この工事は，山の斜面に霊園の造成を行い，それに続く園路を築造するため擁壁工を構築し，緑陰として高木（モチノキ）50株，低木（キリシマツツジ）100本を移植する工事である。

　　現場事前調査の結果，植栽地盤は，固結粘性土で酸性土壌であり，大規模な土壌改良が必要であった。また，移植樹木の搬入先は，20 km 離れた産地卸売業者の圃場からになるため，長距離運搬における萎凋現象の防止及び植栽樹木の枯損防止が，技術的課題であった。

(5) (4)の課題に対し，あなたが**現場で実施した処置又は対策を具体的に記述し**なさい。

　① 掘り取り時に必要とする鉢の土量は，工程進捗及び労力に影響するため，鉢径は根元直径の3〜5倍とし，高木は樽巻き，低木は揚巻きを施した。

　② 運搬前に直根の乾燥防止及び幹の縄巻き，枝おろし，枝しおりを施し，蒸散抑制剤を使用して運搬時は，風や日射を防ぐためシートで覆った。

　③ 擁壁工は，鉄筋のかぶり，あきを組立図に基づき確保し，コンクリートの打継ぎ目を防止するため，締固め要員を適正配置し，所定の湿潤養生期間（5日間）を確保した。以上の結果，樹木は活着率がよく，鉄筋コンクリート擁壁も規格を確保した。

〔改善した文章〕

　① 掘り取り時に必要とする鉢の土量は，工程進捗及び労力に影響するため，植栽作業員に指示をして，鉢径は根元直径の3〜5倍とし，高木は樽巻き，低木は揚巻きをさせ，写真に記録させた。

②　運搬責任者に指示をして，運搬前に直根の乾燥防止及び幹の縄巻き，枝おろし，枝おりをさせ，蒸散抑制剤を使用して運搬時は風や日射を防ぐためシートで覆わせた。

③　土壌改良責任者に指示をして，土壌改良剤として黒曜石パーライトにより，透水性，通気性の改善をさせ，バーク堆肥により土壌団粒化を促進させ，遅効肥料が根に当たらないように埋戻しをさせ，石灰により酸性土壌を中和させ作業実施状況を写真に撮らせた。以上の結果，透水性，通気性も改善でき枯損防止が図れ，その後の生育は順調である。

品質管理記述例14

⑴　工　事　名　　○○線道路緑化整備工事

⑵　工事の内容

　　⑴の工事に関し，以下の①〜⑤について明確に記述しなさい。

　　　①　施工場所　　○○県○○市○○町

　　　②　（ア）この工事の契約上の発注者名又は注文者名

　　　　　　発注者名　　株式会社○○土木工業

　　　　　（イ）この工事におけるあなたの所属する会社等の契約上の立場を，

　　　　　　解答欄の〔　　　〕内の該当するものに○を付けなさい。

　　　　　　「その他」に○を付けた場合は（　　　）に契約上の立場を記述

　　　　　　しなさい。

　　　③　工　期　　令和○年5月10日〜令和○年7月31日　約83日間

　　　④　工事金額又は請負代金額　　¥9,450,000−

　　　⑤　工事概要

　　　　　（ア）工事の内容について具体的に記述しなさい。

　　元請会社の道路整備工事に基づく，中央分離帯及び歩道における植樹工事，歩道改良工事であった。

　　　　　（イ）工事数量について具体的に記述しなさい。

　　　　　　　（例：工種，種別，細別，数量，規格等）

移植工：高木（スズカケノキ　　H＝3.5m　C＝0.18m　W＝1.0m）数量80本

　　　　　低木（キリシマツツジ　H＝0.5m　　　　　　　　W＝0.4m）数量150本

歩道工：コンクリート平板舗装　　　　　　　　　　　　　　数量650㎡

　　　　　（ウ）現場の状況及び周辺の状況について具体的に記述しなさい。

　　　　　　　（関連工事の有無及びその内容も含む）

　　元請会社の道路工事と並行しての作業であり，工事箇所の道路は，生活道路になっていて，特に通勤，通学時間帯は，一般車両，歩行者が頻繁に通行し，中央分離帯部分の工事時及び歩道部分の工事に合わせた交通規制，安全対策が必要な状態であった。

⑶　工事現場における施工管理上のあなたの立場

　　工事主任

⑷　上記工事の施工において，課題があった管理項目名（工程管理又は品質管理）及びその課題の内容（背景及び理由を含む）を具体的に記述しなさい。

①　施工管理項目のうち「工程管理」，又は「品質管理」のどちらか1つを選んで記入しなさい。

施工管理項目　　品質管理

②　①で選んだ施工管理項目上の課題の内容を具体的に記述しなさい。

植栽計画に基づく作業標準の確立及び植栽適期が高木と低木により違ううえに，設計意図を反映した配植に留意した。

〔改善した文章〕

　この工事は，元請会社の道路整備工事に基づく，中央分離帯及び歩道における植樹工事及び歩道改良工事であった。事前調査の結果，中央分離帯及び歩道の植栽地盤は，粘質土が地表面から1.0 m以上厚く分布し，不透水層を形成していて，良質土による表土盛土が必要であった。そのため，植栽計画に基づく作業標準の確立及び植栽適期が，高木と低木により違ううえに，設計意図を反映した配植に留意し，植栽樹木の枯損防止が課題であった。

⑸　⑷の課題に対し，あなたが現場で実施した処置又は対策を具体的に記述しなさい。

①　設計意図は設計図面や仕様書から読取り施工図面を作成し，植穴，植付け前の養生，立込み，埋め戻し，支柱掛けの一連作業を，熟練者を中心にした作業班にて行った。

②　植穴は，大きめに掘り，良質の客土を用いて植付け，十分なマルチングを行い，風を防ぎ，整枝・剪定，葉のしごき，根の切り直し，蒸散抑制剤の散布，発根促進剤の散布等養生を綿密に行った。以上の対策により枯損もなく，活着率もよく良好である。

〔改善した文章〕

①　設計意図は設計図面や仕様書から読取り，施工図面を作成し，植栽作業員に指示をして，植穴，植付けの養生，立込み，埋め戻し，支柱掛けの一連作業を，熟練者を中心にした作業班にて行わせ，作業状況を写真に記録させた。

②　作業責任者に指示をして，植穴は，大きめに掘り，良質の客土を用いて粘質土の改良をさせ，植付け後マルチングをさせ，風を防ぎ，整枝・剪定，葉のしごき，根の切り直し，蒸散抑制剤の散布，発根促進剤の散布等，養生を綿密にさせ，実施状況を写真に記録させた。

以上の対策により，枯損もなく，活着率もよく良好である。

品質管理記述例15

(1) 工 事 名　○○線道路改良工事に伴う緑化工事

(2) 工事の内容

(1)の工事に関し，以下の①〜⑤について**明確に**記述しなさい。

　　① 施工場所　○○県○○市○○町

　　② （ア）この工事の契約上の発注者名又は注文者名

　　　　発注者名　○○土木工業株式会社

　　　（イ）この工事におけるあなたの所属する会社等の契約上の立場を，

　　　　解答欄の〔　　〕内の該当するものに○を付けなさい。

　　　　　「その他」に○を付けた場合は（　　）に契約上の立場を記述

　　　　しなさい。

　　③ 工 期　令和○年5月15日〜令和○年7月31日　約78日間

　　④ 工事金額又は請負代金額　￥10,290,000−

　　⑤ 工事概要

　　　（ア）**工事の内容について**具体的に記述しなさい。

　本工事は県道○○線を拡幅し，片側に歩道（インターロッキング舗装幅員3.5m）を築造後，緑化工事として高木（イチョウ）を80本植栽する工事である。

　　　（イ）**工事数量について**具体的に記述しなさい。

　　　　（例：工種，種別，細別，数量，規格等）

歩道工：インターロッキング舗装	A＝485㎡
植桝工：	80箇所
植栽工：高木（イチョウ　H＝3.0m　C＝0.3m　W＝1.5m）	数量80本

　　　（ウ）**現場の状況及び周辺の状況について**具体的に記述しなさい。

　　　　（関連工事の有無及びその内容も含む）

　道路拡幅工事及び歩車境界ブロック設置工事までは，土木業者が先行作業として施工し，後続作業としてインターロッキング舗装，植桝工，植栽工を当社が施工するものであった。当該道路は近くの小，中学校の通学道路でもあり歩行者，一般車両の通行量が多い状況であった。

(3) 工事現場における**施工管理上のあなたの立場**

　工事主任

(4)　上記工事の施工において，**課題があった管理項目名（工程管理又は品質管理）及びその課題の内容（背景及び理由を含む）を具体的に記述しなさい。**

　　　①　施工管理項目のうち，「工程管理」，又は「品質管理」のどちらか1つを選んで記入しなさい。

　　　　　施工管理項目　　品質管理

　　　②　①で選んだ施工管理項目上の課題の内容を具体的に記述しなさい。

　事前調査の結果，施工場所は高含水比の粘性土であり，歩道路床の支持力の確保及び植栽基盤の改良が必要であり，公共事業として欠陥のない信頼度の高いものとする必要があった。

〔改善した文章〕

　　この工事は，県道○○線を拡幅し，片側に歩道（インターロッキング舗装幅員3.5 m）を築造後，緑化工事として高木（イチョウ）を80本植栽する工事であった。

　事前調査の結果，施工場所は高含水比の粘性土であり，歩道路床の支持力の確保及び植栽基盤の改良が必要であり，公共事業として欠陥のない信頼度の高いものとする必要があった。

　　また，管理者として，この現場で起こる問題点を予測し，現場作業員に対する指揮指導が重要であり，植栽工事のイチョウの活着が課題であった。

(5)　(4)の課題に対し，あなたが**現場で実施した処置又は対策を具体的に記述し**なさい。

①　植桝下層部は，酸性土壌でもあるため石灰肥料により中和を図り，植物質肥料を追肥とした。

②　高木納入時に規格を確認し，チェックシートに明記する。インターロッキング舗装については，基準高，幅，厚さ，横断勾配，平坦性について，各検査頻度に基づき実測し，品質管理写真を撮る。

③　植穴は，大きめに掘り，良質の客土を用いて植付け，十分なマルチングを行い，風を防ぎ，整枝・剪定，葉のしごき，根の切り直し，蒸散抑制剤の散布，発根促進剤の散布等養生を綿密に行った。以上の対策により枯損もなく，活着率もよく良好である。

〔改善した文章〕

①　地盤改良作業員に指示をして，植桝下層部は，酸性土壌であるため，石灰肥料により中和を図り，化学肥料により追肥をさせ，地盤改良状況を写真に撮り記録させた。

②　植栽作業員に指示をして，植穴は，大きめに掘り，良質の客土を用いて植付け，整枝・剪定，葉のしごき，根の切り直し，蒸散抑制剤の散布，発根促進剤の散布をさせ，三脚鳥居型支柱により堅固に取付け，十分なマルチングを実施させ，チェックシート，写真により記録させた。

以上の結果，当初懸念した植栽基盤が改善され，発注者の要求品質を確保し，植栽樹木（イチョウ）の枯損もなく活着し，美観も得ることができた。

品質管理記述例16

(1) 工　事　名　○○マンション新築に伴う屋上緑化工事

(2) 工事の内容

(1)の工事に関し，以下の①〜⑤について**明確に**記述しなさい。

① 施工場所　○○県○○市○○町

② （ア）この工事の契約上の発注者名又は注文者名

　　発注者名　○○建設株式会社

（イ）この工事における**あなたの所属する会社等の契約上の立場**を，解答欄の〔　　〕内の該当するものに○を付けなさい。

「その他」に○を付けた場合は（　　）に契約上の立場を記述しなさい。

③ 工　　期　令和○年1月15日〜令和○年3月20日　65日間

④ 工事金額又は請負代金額　￥9,975,000−

⑤ 工事概要

（ア）**工事の内容について**具体的に記述しなさい。

　本工事は，共同住宅新築に伴う屋上緑化工事で，防水工，防根工，排水工を行った後，人口軽量土壌工法にて中・低木を植栽するものである。

（イ）**工事数量について**具体的に記述しなさい。

（例：工種，種別，細別，数量，規格等）

防水工（防根工）：FRPエポキシ防水　　　　　　　　　　　A＝280㎡

人工軽量土壌工：パーライト人工土壌厚0.3m　施工面積280㎡

植栽工：中木（キンモクセイ H＝2.0m　C＝0.15m　W＝1.0m）　数量10本

　　　　低木（ツツジ　　　　 H＝1.0m　　　　　　　　　W＝1.0m）　数量20本

グランドカバー：コウライシバ　　　　　　　　　　　施工面積280㎡

（ウ）**現場の状況及び周辺の状況について**具体的に記述しなさい。

（関連工事の有無及びその内容も含む）

　屋上躯体工事までは，元請建設業者が先行作業として施工し，後続作業として当社の屋上緑化工事を施工するものである。施工場所は，屋上であるため防風対策，防水，防根，排水に細心の注意を払う必要があった。

(3) 工事現場における**施工管理上のあなたの立場**

工事主任

(4) 上記工事の施工において，**課題があった管理項目名（工程管理又は品質管理）及びその課題の内容（背景及び理由を含む）を具体的に記述しなさい。**

　　　① 施工管理項目のうち「工程管理」，又は「品質管理」のどちらか1つを選んで記入しなさい。

　　　施工管理項目　　　品質管理

　　　② ①で選んだ施工管理項目上の課題の内容を具体的に記述しなさい。

　屋上緑化に見合った防水工，防根工（耐根）を考慮し，防水工はFRPとエポキシ防水の採用を決定し，乾燥防止対策として保水パネルによる給水の均質化を保つようにする。また，人工軽量土壌に培養土を混合したものを使用して，樹木の枯損防止を図ること等，欠陥のない信頼度の高いものとすることが技術的課題であった。

〔改善した文章〕

　　この工事は，共同住宅新築に伴う屋上緑化工事で，防水工，防根工，排水工を行った後，人工軽量土壌工法にて中・低木を植栽するものである。

　　事前調査の結果，施工場所は新築建築物の屋上でpH値が強アルカリであり，屋上緑化に見合った防水工，防根工（耐根）を考慮し，防水工はFRPとエポキシ防水の採用を決定し，乾燥防止対策として，保水パネルによる給水の均質化を保ち，人工軽量土壌に培養土を混合したものを使用して，樹木の枯損防止を図ることが課題となった。

(5) (4)の課題に対し，あなたが**現場で実施した処置又は対策を具体的に記述し**なさい。

　① 押えコンクリート後，土留めとして見切り材を植栽地外周に配置し，植栽の根腐れや植栽地が冠水しないよう排水処理を確実にする。

　② 防水工，防根シートは確実に行い，保水パネルを排水層に設置し，人工軽量土壌に培養土を混合して所定の厚さをチェックシートに明記する。

　③ 着手前及び完成写真，施工状況写真，使用材料写真，品質管理写真を撮り，風倒防止の支保，防風を考慮した植栽，マルチング材の敷設をする等の作業標準を設定して工事を着工した。その結果，当初懸念した防風，防水・防根，排水等の対策が良好に機能し，活着を図ることができた。

〔改善した文章〕

　① 職長に指示をして，押えコンクリート後，土留めとして見切り材を植栽地外周に配置し，植栽の根腐れや植栽地が冠水しないよう排水処理を確実にさせ，実施状況を写真に記録させた。

② 作業員に指示をして，防水工，防根シートは確実に行わせ，保水パネルを排水層に設置し，人工軽量土壌に培養土を混合して，所定の厚さをチェックシートに明記させた。

③ 作業責任者に指示をして，着手前及び完成写真，施工状況写真，使用材料写真，品質管理写真を撮り，風倒防止の支保，防風を考慮した植栽，マルチング材の敷設をさせた。

以上の結果，当初懸念した防風，防水，防根，排水等の対策が良好に機能し，樹木の枯損もなく活着し，美観も得ることができた。

第1章　施工経験記述

（問題1に該当します）

2. 工程管理

工程管理記述例1

(1) 工　事　名　○○公園整備工事

(2) 工事の内容

　⑴の工事に関し，以下の①〜⑤について明確に記述しなさい。

　　①　施工場所　○○県○○市○○町

　　②　(ア) この工事の契約上の発注者名又は注文者

　　　　発注者名　○○市公園課

　　　　(イ) この工事におけるあなたの所属する会社等の契約上の立場を，
　　　　解答欄の〔　　　〕内の該当するものに○を付けなさい。
　　　　　「その他」に○を付けた場合は（　　　）に契約上の立場を記述
　　　　しなさい。

　　③　工　　期　令和○年5月15日〜令和○年7月31日　約78日間

　　④　工事金額又は請負代金額　¥9,450,000−

　　⑤　工事概要

　　　　(ア) 工事の内容について具体的に記述しなさい。

　　本工事は，団地内に擁壁を構築し，盛土を施工して公園広場に改良するも
のである。敷地内に移植工（高木80本，低木150株）を行うため，植栽基盤
である土壌の改良を行い，中央部にカラーアスファルトによる幅員2.0mの
歩道用舗装を施工するものである。

　　　　(イ) 工事数量について具体的に記述しなさい。

移植工：高木（ウバメガシ　　H=3.0m　C=0.15m　W=1.0m）　数量80本

　　　　低木（イヌツゲ　　　H=1.0m　　　　　　　　W=0.3m）　数量150株

園路工：カラーアスファルト舗装　　　　　　　　　　　　　　数量450㎡

擁壁工：鉄筋コンクリート擁壁工　H=1.5m　　B=0.2−1.0m　　L=150m

　　　　(ウ) 現場の状況及び周辺の状況について具体的に記述しなさい。
　　　　　（関連工事の有無及びその内容も含む）

　　閑静な住宅内における児童公園の整備工事であり，工事箇所の前面道路
は，生活道路になっていて，通勤，通学時間帯は多くの通行がある状態であ
った。

(3) 工事現場における施工管理上のあなたの立場

　　工事主任

(4) 上記工事の施工において，課題があった管理項目名（工程管理又は品質管

理）及びその課題の内容（背景及び理由を含む）を具体的に記述しなさい。

① 施工管理項目のうち「工程管理」，又は「品質管理」のどちらか1つを選んで記入しなさい。

施工管理項目　　工程管理

② ①で選んだ施工管理項目上の課題の内容を具体的に記述しなさい。

鉄筋コンクリート擁壁工が不測の降雨のため15日間遅れ，擁壁工の工程調整および後続工程調整に留意した。

〔改善した文章〕

　この工事は，街区公園整備工事で，擁壁を構築し，盛土を施工して公園広場に改良するものである。敷地内に移植工（高木80本，低木150株）を行うため，植栽基盤である土壌の改良を行い，公園中央部にカラーアスファルトによる幅員2.0ｍの歩道用舗装を施工するものである。

　現場事前調査の結果，施工場所は粘性土で一部湧水もあり軟弱地盤であった。さらに施工期間は，梅雨期を含む夏期でもあり，擁壁基礎部の地耐力強化や植栽基盤の改良が必要であった。そのため，工程調整が重要な課題になった。

⑸　⑷の課題に対し，あなたが**現場で実施した処置又は対策**を具体的に記述しなさい。

①　ネットワーク工程表によりクリティカルパスである鉄筋工，型枠工および園路工を重点管理すると同時に，各作業の取り合い調整により並行作業を行い，合理化により施工量を増大し，降雨による遅れを取り戻した。

②　随時，フォローアップを行い，日程短縮作業および資機材調達を円滑にして，早目に遅延処置をした結果，工期内に無事工事が完成できた。

〔改善した文章〕

①　作業責任者に指示をして，現場内空地を活用し，資機材の置き場やダンプトラック，アジテータ車などの待機場所として，資機材運搬の効率化を図ることとした。

②　湧水対策は専門業者に依頼し，植栽作業員に指示をして，植栽基盤改良工を実施させ，擁壁工程の鉄筋工，型枠工は協力業者に依頼し，並行作業として工程進捗を図らせ，雨天による10日間の遅れを取り戻した。

③　作業班長に指示をして，バーチャートに，Sカーブを記入し，出来高累計曲線との対比により，遅延処置を早期に行わせた。以上の結果，当初懸念した擁壁基礎部の地耐力の強化や，植栽基盤が改良され，梅雨期の遅れもなく無事工事が竣工した。

工程管理記述例 2

(1) 工　事　名　○○公園整備工事

(2) 工事の内容

(1)の工事に関し，以下の①～⑤について**明確に記述**しなさい。

① 施工場所　○○県○○市○○町

② （ア）この工事の契約上の発注者名又は注文者名

発注者名　○○市公園課

（イ）**この工事におけるあなたの所属する会社等の契約上の立場**を，解答欄の〔　　〕内の該当するものに○を付けなさい。

「その他」に○を付けた場合は（　　）に契約上の立場を記述しなさい。

③ 工　　期　令和○年5月1日～令和○年7月31日　約92日間

④ 工事金額又は請負代金額　￥11,550,000 -

⑤ 工事概要

（ア）**工事の内容について具体的に記述**しなさい。

　臨海埋立地に，擁壁を構築し腐養土による盛土を施し，高木（クロガネモチ）80株，低木（クルメツツジ）100本の移植工を行い，幅員2.0mの遊歩道を，カラーアスファルトにて延長240m施工するものである。

（イ）**工事数量について具体的に記述**しなさい。

移植工：高木（クロガネモチ　H＝3.5m C＝0.3m W＝1.5m）　数量80株

　　　　低木（クルメツツジ　H＝0.5m　　　　　　W＝0.4m）　数量100本

園路工：カラーアスファルト舗装　　　　　　　　　　　　　数量480㎡

擁壁工：鉄筋コンクリート擁壁工　H＝1.8m　　　B＝0.5m　L＝200m

（ウ）**現場の状況及び周辺の状況について具体的に記述**しなさい。

（関連工事の有無及びその内容も含む）

　臨海埋立地であり，塩害による移植樹の枯損防止が必要な状況であり，近隣には小学校および病院があり，工事箇所周辺道路は，一般車両，歩行者等通行量が非常に多い状態で，資機材搬出入に影響がでる状況でもあった。

(3) 工事現場における**施工管理上のあなたの立場**

工事主任

(4) 上記工事の施工において，**課題があった管理項目名（工程管理又は品質管理）**及びその課題の内容（背景及び理由を含む）を具体的に記述しなさい。

① 施工管理項目のうち「工程管理」，又は「品質管理」のどちらか1つを選んで記入しなさい。

施工管理項目 　工程管理

② ①で選んだ施工管理項目上の課題の内容を具体的に記述しなさい。

場内の整地工程が梅雨期と重なり，降雨およびトラフィカビリティの確保のため，工程に遅れが生じ，整地工並びに後続工程の工程調整が必要になった。

〔改善した文章〕

この工事は，臨海埋立て地にある近隣公園の整備工事で，擁壁を構築し腐葉土による盛土を施し，高木（クロガネモチ）80株，低木（クルメツツジ）100本の移植工を行い，幅員2.0mの遊歩道をカラーアスファルトにて延長240m施工するものである。

事前調査の結果，臨海埋立て地であり塩害による移植樹木の枯損防止の必要があり，また，工期は梅雨と重なっているため，降雨やトラフィカビリティの確保のため，工程に遅れが生じるおそれがあった。そのため，管理者として，作業の効率化を図るため，作業員に対する指揮指導が，課題になった。

(5) (4)の課題に対し，あなたが**現場で実施した処置又は対策を具体的に記述し**なさい。

① 排水を良好にするために，排水溝を設置し，施工機械のトラフィカビリティを確保するために，砕石を薄層に敷くとともに，湿地ブルドーザを使用して整地工の工程短縮を図った。

② 後続工程のクロガネモチ植栽作業については，作業改善を図り手間待ち，手戻りを防ぎ工程を進捗させた。

③ ネットワーク工程表にて，1週間に1回フォローアップを行い，早期に遅れに対する処置をした結果，大幅な遅延もなく工事を完成できた。

〔改善した文章〕

① 作業員に指示をして，雨水排水を良好にするために排水溝を設置し，運搬路に縞鋼板の敷設及び砕石を薄層に敷くとともに，擁壁工は協力業者に依頼し，並行作業を取り入れ，施工機械は湿地ブルドーザを使用して，植栽基盤の改良や整地工の工程短縮を図らせた。

② 後続工程のクロガネモチ，クルメツツジの植栽作業は，作業班長に指示して，資材置き場を確保させ，手間待ち，手戻りを防ぐ作業改善にて工程進捗を図らせた。

③　職長に指示して，ネットワーク工程表にて，1週間に1回フォローアップをさせ，早期に遅れに対する処置をさせた。結果，当初懸念した塩害による枯損防止や梅雨による降雨対策が円滑に進み，7日間の短縮ができ，無事工事内に竣工した。

工程管理記述例 3

⑴　工　事　名　　○○公園整備工事

⑵　工事の内容

　　⑴の工事に関し，以下の①～⑤について**明確に記述**しなさい。

　　　①　施工場所　　○○県○○市○○町

　　　②　(ア)　この工事の契約上の発注者名又は注文者名

　　　　　　発注者名　　株式会社○○土木

　　　　(イ)　この工事における**あなたの所属する会社等の契約上の立場**を，

　　　　解答欄の〔　　　〕内の該当するものに○を付けなさい。

　　　　　「その他」に○を付けた場合は（　　）に契約上の立場を記述

　　　　しなさい。

　　　③　工　　期　　令和○年5月20日～令和○年8月10日　　約83日間

　　　④　工事金額又は請負代金額　　￥10,290,000－

　　　⑤　工事概要

　　　　(ア)　**工事の内容**について具体的に記述しなさい。

　　本工事は，団地内に擁壁を構築し，盛土施工後，公園広場に改良するものである。先行作業には，元請業者が行う土地造成工事が進捗していた。後続作業として，仮設道路部分に移植工，園路工を並行作業するものであった。

　　　　(イ)　**工事数量**について具体的に記述しなさい。

　　　　　（例：工種，種別，細別，数量，規格等）

移植工：高木（ウバメガシ　　H＝3.0m　C＝0.15m　W＝1.0m）　数量50本

　　　　低木（アオキ　　　　H＝1.0m　　　　　　W＝0.7m）　数量50株

園路工：カラーアスファルト舗装　　　　　　　　　　　　　　　数量100㎡

擁壁工：鉄筋コンクリート擁壁工　H＝1.0m　B＝0.2-0.5m　L＝80m

　　　　(ウ)　**現場の状況及び周辺の状況**について具体的に記述しなさい。

　　　　　（関連工事の有無及びその内容も含む）

　　工事仮設道路は，元請業者が行う土地造成工事用の大型ダンプトラック，車両系建設機械が頻繁に通行し，植栽土壌の固結状態が進行しており，土壌改良が必要であった。また，工事前面道路は，国道のため頻繁に一般車両が通行し，近くの小学校の通学道路でもあり，通学時間帯は工事車両の通行規制がある状況であった。

(3)　工事現場における**施工管理上のあなたの立場**

　　工事主任

(4)　上記工事の施工において，**課題があった管理項目名（工程管理又は品質管理）及びその課題の内容（背景及び理由を含む）を具体的に記述**しなさい。

　　　　①　施工管理項目のうち「工程管理」，又は「品質管理」のどちらか1つを選んで記入しなさい。

　　　　　　施工管理項目　　　工程管理

　　　　②　①で選んだ施工管理項目上の課題の内容を具体的に記述しなさい。

　　梅雨期の降雨により，鉄筋コンクリート擁壁工の掘削工程，鉄筋工程，型枠工程が8日間遅れた上に，短期工期のため，作業員の技術レベルの向上および作業効率の確保に留意した。

〔改善した文章〕

　　　この工事は，団地内にある街区公園の整備工事で，擁壁を構築し，盛土施工後，公園広場に改良するものである。先行作業には，元請業者が行う土地造成工事が進捗していた。後続工程として仮設道路部分に移植工，園路工を並行作業するものであった。

　　　事前調査の結果，工事用仮設通路は重機械により固結しており，植栽基盤の改良が大がかりであった。また，工期半ばには梅雨が控えており，手戻りのない合理的かつ効率的な工程進捗が必要であった。そのため，管理者として工程進捗を図り10日間の短縮のため，作業員に対する指揮指導が課題となった。

(5)　(4)の課題に対し，あなたが**現場で実施した処置又は対策を具体的に記述**しなさい。

　　①　工程会議により全作業員に，工程進捗状況の把握をさせ，熟練者を中心にした作業班の編成をした。また，小型バックホウを1台追加して掘削作業，鉄筋工程，型枠工程の並行作業を行い工程を進捗させた。

　　②　ネットワーク工程表にて，フォローアップを行い，資材調達の円滑化，作業標準の確立にて遅延処置をするとともに，日常の点検および社内検査を確実に行い，手直し作業，手戻り作業の防止をした。

　　　以上の結果，当初の遅れを取り戻し工期内に工事を完成できた。

〔改善した文章〕

　　①　工程会議により全作業員に，工程進捗状況の把握をさせ，熟練者を中心にした作業班の編成をした。また，小型バックホウを1台追加して，協力業者の労働力を活用して，掘削工程，鉄筋工程，型枠工程の並行作業を行なわ

せ，5日間の短縮にて工程進捗をさせた。

② 作業班長に指示して，ネットワーク工程表により，フォローアップを行い，資材調達の円滑化，作業標準の確立にて5日間の遅延処置をするとともに，日常の点検及び社内検査を確実に行わせ，手直し作業，手戻り作業の防止をさせた。

　以上の結果，当初の10日間の遅れを取り戻し，工期内に工事を完成できた。

工程管理記述例 4

⑴　工　事　名　　○○公園整備工事

⑵　工事の内容

⑴の工事に関し，以下の①〜⑤について**明確に**記述しなさい。

　　　①　施工場所　　○○県○○市○○町

　　　②　（ア）工事の契約上の発注者名又は注文者名

　　　　　　　発注者名　　株式会社○○建設

　　　　　（イ）この工事におけるあなたの所属する会社等の契約上の立場を，

　　　　　　解答欄の〔　　〕内の該当するものに○を付けなさい。

　　　　　　　「その他」に○を付けた場合は（　　　）に契約上の立場を記述

　　　　　　しなさい。

　　　③　工　　期　　令和○年 9 月 1 日〜令和○年11月30日　約91日間

　　　④　工事金額　　￥10,290,000 -

　　　⑤　工事概要

　　　　　（ア）**工事の内容について具体的に**記述しなさい。

　　本工事は，遊休地に土地改良を加え，擁壁を構築し，盛土を施工して園路
広場に改良するものである。事前調査の結果，施工場所は粘性土で一部湧水
もある軟弱地盤で，擁壁基礎部の地耐力強化や植栽基盤改良後，擁壁工，園
路工，移植工を行うものである。

　　　　　（イ）**工事数量について具体的に**記述しなさい。

　　　　　　　（例：工種，種別，細別，数量，規格等）

移植工：高木（オオシマザクラ　　H＝4.0 m C＝0.21 m W＝1.8 m）数量50本

　　　　　低木（オオムラサキツツジ H＝0.8 m　　　　　　　W＝0.9 m）数量80本

園路工：カラーアスファルト舗装　　　　　　　　　　　　　　数量260㎡

擁壁工：鉄筋コンクリート擁壁工　　H＝1.5 m　　　　B＝0.5 m　　　　L＝80 m

整地工：盛土工　　　　　　　　　　　　　　　　　　　　　　数量350㎡

　　　　　（ウ）**現場の状況及び周辺の状況について具体的に**記述しなさい。

　　　　　　　（関連工事の有無及びその内容も含む）

　　元請業者の土地造成工事が進捗しており，後続工程として当社の園路・広
場工事があり，建設発生土を盛土に有効利用するものである。

　　工事箇所は住宅地で，周辺道路は近隣住民の生活道路であり，朝夕は通行
量が多い状況であった。

⑶　工事現場における**施工管理上のあなたの立場**

　　工事主任

⑷　上記工事の施工において，**課題があった管理項目名（工程管理又は品質管理）及びその課題の内容（背景及び理由を含む）を具体的に記述**しなさい。

　　　①　施工管理項目のうち「工程管理」，又は「品質管理」のどちらか1つを選んで記入しなさい。

　　　　　施工管理項目　　工程管理

　　　②　①で選んだ施工管理項目上の課題の内容を具体的に記述しなさい。

　　降雨により作業休止日が，10日間となりネットワーク工程表のクリティカルパス上の鉄筋コンクリート擁壁工程に遅れが生じ，工程の見直し及び植栽工，園路工の前倒し調整に留意する必要があった。

〔改善した文章〕

　　本工事は，遊休地に土地改良を加え，擁壁を構築し，盛土を施工して園路広場に改良するものである。事前調査の結果，施工場所は粘性土で一部湧水もある軟弱地盤で，擁壁基礎部の地耐力強化や植栽基盤改良が長期化するおそれがあった。そのため，管理者として，協力会社との工程調整が重要と考え，施工方法を含めた作業体制の改善が必要であり，7日間の工程短縮が技術的課題になった。

⑸　⑷の課題に対し，あなたが**現場で実施した処置又は対策を具体的に記述**しなさい。

　　①　ネットワーク工程表にてフォローアップを行い，作業順序及び各作業間の取り合い再調整並びにフロートの再計算を綿密にして，掘削工，鉄筋工，型枠工を並行作業とした。

　　②　工程進捗に伴う資材搬入の合理化を図り，手待ち，手戻りなどの損失時間を防止し，植栽工，園路工の施工量を増大した。

　　③　以上の結果，コスト高にもならず，早期に遅延防止ができ，無事工期内に工事が完成できた。

〔改善した文章〕

　　①　作業責任者に指示をして，ネットワーク工程表にてフォローアップを行い，作業順序及び各作業間の取り合い調整並びにフロートの再計算を綿密にして，掘削工，鉄筋工，型枠工を並行作業にさせ5日間短縮させた。

　　②　作業班長に指示をして，工程進捗に伴う資材搬入の合理化を図り，手待ち，手戻り等の損失時間を防止させ，植栽工，園路工の施工量を増大させた。

③　植栽工程は，職人に指示をして，資材置場を確保し，工事の進め方や作業標準を決定し，全ての作業員に周知徹底を図り，3日間の短縮をして工程進捗させた。

　その結果，当初懸念した協力会社との工程調整が円滑に進み，日々の標準作業量が確保でき，8日間短縮でき無事工事が竣工した。

工程管理記述例 5

(1) 工　事　名　　○○公園整備工事

(2) 工事の内容

　　(1)の工事に関し，以下の①〜⑤について**明確に記述**しなさい。

　　　　①　施工場所　　○○県○○市○○町

　　　　②　（ア）この工事の契約上の発注者名又は注文者名

　　　　　　発注者名　　○○市公園課

　　　　（イ）この工事における**あなたの所属する会社等の契約上の立場**を，

　　　　解答欄の〔　　　〕内の該当するものに○を付けなさい。

　　　　　「その他」に○を付けた場合は（　　　）に契約上の立場を記述

　　　　しなさい。

　　　　③　工　　期　　令和○年2月1日〜令和○年3月30日　　約58日間

　　　　④　工事金額又は請負代金額　　￥9,240,000−

　　　　⑤　工事概要

　　　　（ア）**工事の内容**について具体的に記述しなさい。

　　工事場所は河川敷を埋め立てた公園で，近隣住民の憩いの場として公園利用者が多く，遊歩道に面して植栽工を施工し，舗装工の延長及びネットフェンスを張るものであった。

　　　　（イ）**工事数量**について具体的に記述しなさい。

　　　　　（例：工種，種別，細別，数量，規格等）

移植工：高木（イチョウ　H＝3.5m　C＝0.18m　W＝1.2m）　数量50株

　　　　低木（ウメモドキ H＝1.0m　　　　　　　W＝0.4m）　数量100株

園路工：カラーアスファルト舗装　　　　　　　　　　　　　　数量360㎡

ネットフェンス工：　　　　H＝2.5m　　　　　　　　　　　　L＝120m

整地工：盛土工　　　　　　　　　　　　　　　　　　　　　　数量150㎡

　　　　（ウ）**現場の状況及び周辺の状況**について具体的に記述しなさい。

　　　　　（関連工事の有無及びその内容も含む）

　　河川敷の工事であるため，寒風が強く地盤は軟弱な粘性土であり，植栽基盤の改良及び冬期施工における技術の確保が必要であった。

　　また関連工事として河川の護岸工事が進捗しており，周辺道路は工事車両が頻繁に通行し，資材保管場所が取れない状況であった。

(3)　工事現場における**施工管理上のあなたの立場**

　　工事主任

(4)　上記工事の施工において，**課題があった管理項目名（工程管理又は品質管理）及びその課題の内容（背景及び理由を含む）**を具体的に記述しなさい。

　　　　① 　施工管理項目のうち「工程管理」，又は「品質管理」のどちらか1つを選んで記入しなさい。

　　　　　施工管理項目　　　工程管理

　　　　② 　①で選んだ施工管理項目上の課題の内容を具体的に記述しなさい。

不測の降雨により整地工に15日間の遅れが発生し，工程短縮及び後続工程調整が必要となった。また，工期中間点で設計変更が生じ，7日間工事が中断し，植栽工の重点管理が必要になった。

〔改善した文章〕

　　本工事は，河川敷を埋め立てた近隣公園で，遊歩道に面して植栽工を施工し，舗装工の延長及びネットフェンスを張るものであった。

　　事前調査の結果，冬期施工であり天候不順により，工程に10日間の遅れが発生し，工程遅延対策が必要であった。

　　また，植栽材料の保管場所が確保できない上に，圃場が20kmの遠距離にあり，作業効率の低下が懸念された。

　　そのため，総合的な合理化対策が必要になり，作業体制を改善した工程短縮が，技術的課題となった。

(5)　(4)の課題に対し，あなたが**現場で実施した処置又は対策**を具体的に記述しなさい。

　　① 　バーチャートを逆算法により，工事完成期日から各部分工事の日程を定め，必要最小限度の作業員3名を増員し並びに掘削機械，整地機械を2台として並行作業を行う弾力的管理運営にて工程を進捗させた。

　　② 　熟練者を中心に作業班を編成し，作業員の高度な技術力により，植栽工を進捗させ，手待ち，手戻りを防止して予定工期内に完成させた。

〔改善した文章〕

　　① 　作業責任者に指示をして，バーチャートに予定進度曲線（Sカーブ）を併記させ，実施進度曲線との対比により，遅延発生工程の整地工は，作業班を2班として工程進捗をさせた。

　　② 　作業班長に指示をして，協力業者の施工能力を考慮させ，並行作業が可能なように技能者の適正配置をさせた。

③　職長に指示をして，植栽工程は日々の作業量により，搬入量を見極め，搬入車両の台数を2台と決め，手待ち，手戻りを防止して10日間の短縮をさせた。

　結果，当初懸念した天候不順による工程遅延解消と作業効率の向上が図れ，無事工事が竣工した。

工程管理記述例6

⑴　工　事　名　○○公園整備工事

⑵　工事の内容

　　⑴の工事に関し，以下の①～⑤について明確に記述しなさい。

　　　①　施工場所　○○県○○市○○町

　　　②　(ア)　この工事の契約上の発注者名又は注文者名

　　　　　発注者名　○○市公園課

　　　　　(イ)　この工事におけるあなたの所属する会社等の契約上の立場を，

　　　　　解答欄の〔　　　〕内の該当するものに○を付けなさい。

　　　　　　「その他」に○を付けた場合は（　　　）に契約上の立場を記述

　　　　　しなさい。

　　　③　工　　期　令和○年5月15日～令和○年7月31日　約78日間

　　　④　工事金額又は請負代金額　￥13,440,000－

　　　⑤　工事概要

　　　　　(ア)　工事の内容について具体的に記述しなさい。

　　住宅街の中心部にある公園の整備工事であり，擁壁構築後ネットフェンス
を張り，盛土を施し，園路の整備及び高木，低木を移植するものである。

　　　　　(イ)　工事数量について具体的に記述しなさい。

　　　　　　　（例：工種，種別，細別，数量，規格等）

移植工：高木（クロガネモチ　　H＝3.5m C＝0.25m W＝1.2m）　数量80本

　　　　　低木（アベリア　　　　H＝0.8m　　　　　　W＝0.6m）　数量80本

園路工：カラーアスファルト舗装　　　　　　　　　　　　　　　数量150㎡

擁壁工：鉄筋コンクリート擁壁工　H＝1.0m　　　　B＝0.3m　　　L＝50m

ネットフェンス張工：　　　　　　H＝2.5m　　　　　　　　　　L＝80m

　　　　　(ウ)　現場の状況及び周辺の状況について具体的に記述しなさい。

　　　　　　　（関連工事の有無及びその内容も含む）

　　住宅街であり朝の通勤通学時間帯は，周辺道路の通行量が多く，交通規制
があり，また，昼間は騒音振動に留意する必要があった。そのため工事に対
する住民の理解が必要であり，工事の円滑な運営にも支障をきたす状況でも
あった。

⑶　工事現場における施工管理上のあなたの立場

　　工事主任

(4) 上記工事の施工において，**課題があった管理項目名（工程管理又は品質管理）及びその課題の内容（背景及び理由を含む）を具体的に記述しなさい。**

　　　① 施工管理項目のうち「工程管理」，又は「品質管理」のどちらか1つを選んで記入しなさい。

　　　施工管理項目　　工程管理

　　　② ①で選んだ施工管理項目上の課題の内容を具体的に記述しなさい。

　短期工事であるうえに，降雨のために作業休止日が10日間となり，低木（アベリア）と高木（クロガネモチ）の移植適期が違うため，工程短縮及び工程調整に留意した。

〔改善した文章〕

　本工事は，住宅街の中心部にある近隣公園の整備工事であり，約8km離れた産地卸売業者より，高木（クロガネモチ）80本，低木（アベリア）80本を搬入し，公園東側に移植し，南側敷地境界に擁壁工を築造し，ネットフェンスを張り，前面に園路工を設置するものである。

　事前調査の結果，ていしん植栽工が梅雨期と重なり，短期工事であるうえに，降雨のために作業休止日が10日間となり，移植工の工期短縮が必要になった。

　また，低木（アベリア）と高木（クロガネモチ）の移植適期が違うため，工程調整に留意する必要があった。

　そのため，移植工の能率化を図る方法が課題であった。

(5) (4)の課題に対し，あなたが**現場で実施した処置又は対策を具体的に記述し**なさい。

　① ネットワーク工程表にてフォローアップを行い，各作業の取り合い再調整及びフロートの再計算をして低木移植工と鉄筋コンクリート擁壁工を並行作業とした。

　② 作業員の技術力や施工実績をベースにした作業班を編成し，前倒しで工程進捗させ，資材搬入の合理化を図り，手待ちを防止して施工量を増大させ，高木移植工は予定工程で完成できた。

　③ 以上のように，早期に遅れに対する処置をした結果，効率良く遅延対策ができ，指定工期内に工事を完成した。

〔改善した文章〕

　① 作業責任者に指示をして，ネットワーク工程表にてフォローアップを行い，各作業の取り合い再調整及びフロートの再計算をして，移植適期でない低木（アベリア）移植工を先行させ，鉄筋コンクリート擁壁工と並行作業に

て10日間短縮させた。

② 職長に指示し，作業員の技術力や施工実績をベースにした作業班を編成させ，前倒しで工程進捗させ，資材搬入の合理化を図り，手待ちを防止して施工量を増大させ，高木移植工は予定工程で完成できた。

③ 以上のように，全作業員に指揮，指導した結果，早期に遅れに対する処置ができ，効率良く遅延対策ができ，指定工期内に工事を完成させた。

工程管理記述例 7

⑴　工　事　名　○○公園整備工事

⑵　工事の内容

⑴の工事に関し，以下の①～⑤について**明確に記述しなさい。**

① 施工場所　○○県○○市○○町

② （ア）この工事の契約上の発注者名又は注文者名

発注者名　○○市公園課

（イ）この工事におけるあなたの所属する会社等の契約上の立場を，解答欄の〔　　〕内の該当するものに○を付けなさい。

「その他」に○を付けた場合は（　　）に契約上の立場を記述しなさい。

③ 工　期　令和○年5月15日～令和○年7月31日　約78日間

④ 工事金額又は請負代金額　￥12,705,000－

⑤ 工事概要

（ア）**工事の内容**について具体的に記述しなさい。

　河川敷にある公園整備工事であり，整地工は地盤改良工を含めた大がかりなものであった。また，園路を新設し緑陰のために高木，低木を植栽し，土手部分に張芝を施工するものである。

（イ）**工事数量**について具体的に記述しなさい。

（例：工種，種別，細別，数量，規格等）

植栽工：高木（クロガネモチ　H＝4.0m　C＝0.3m　W＝1.5m）　数量30株

　　　　低木（クルメツツジ　H＝0.5m　　　　　　W＝0.4m）　数量120本

園路工：カラーアスファルト舗装　　　　　　　　　　　　　　数量450㎡

張芝工：コウライシバ　　　　　　　　　　　　　　　　　　　580㎡

（ウ）**現場の状況及び周辺の状況**について具体的に記述しなさい。

（関連工事の有無及びその内容も含む）

　先行作業として土木業者の護岸工事が進捗しており，当社の公園整備工事が後続作業であった。工事箇所周辺は，公園利用者が平日でも多い状態であった。

⑶　工事現場における**施工管理上のあなたの立場**

　工事主任

(4)　上記工事の施工において，**課題があった管理項目名（工程管理又は品質管理）及びその課題の内容（背景及び理由を含む）を具体的に記述しなさい。**

　　　①　施工管理項目のうち「工程管理」，又は「品質管理」のどちらか1つを選んで記入しなさい。

　　　　施工管理項目　　　工程管理

　　　②　①で選んだ施工管理項目上の課題の内容を具体的に記述しなさい。

梅雨期の工事であり，不測の長雨により工事着手に10日間遅れコスト面を考慮した工程短縮及びマイルストーン（管理日）毎の進度管理に留意した。

〔改善した文章〕

　　　この工事は，河川敷きを埋め立てた地区公園で，近隣住民の憩いの場として公園利用者が多く，遊歩道に面しての植栽工は，約8km離れた産地卸売業者から高木（クロガネモチ）30株，低木（クルメツツジ）120本を搬入移植し，張芝工（コウライシバ）580㎡を張り，園路工（カラーアスファルト施工面積450㎡）を施工するものであった。

　　　事前調査の結果，植栽地盤は数か所に湧水が発生し，軟弱地盤であり，また不測の降雨により整地工に15日間の遅れが発生し，工程短縮及び後続工程調整が必要になった。また，工期中間点で設計変更が生じ，5日間工事が中断し，植栽工程の重点管理が必要になった。

(5)　(4)の課題に対し，あなたが**現場で実施した処置又は対策を具体的に記述し**なさい。

　　　①　整地工及び地盤改良工の詳細工程表を適正な歩掛りで，平均施工速度により作成し，余裕日数を考慮し，各作業班の調整を行い，並行作業を取入れ低コストにて遅れを取り戻した。

　　　②　資機材の調達をタイミングよく行い，作業の手待ち，手戻りを防止し，並行作業の継続にて合理性を確保し，前倒しにより早目に遅延処置をした。

　　　以上の結果，大幅な遅れもなく，工事が進捗し，当初の遅れにも係らず低コストにて予定工期内に無事工事が完成した。

〔改善した文章〕

　　　①　作業責任者に指示をして，整地工及び地盤改良工の詳細工程表を適正な歩掛りで平均施工速度により作成させ，余裕日数を考慮し，各班長と十分話し合い，各作業班の調整を行い，並行作業を取り入れさせ，ネットワーク工程表を修正させた。

　　　②　職長に指示をして，資機材の調達をタイミングよく行うため，前日に植

栽工程1日使用分（高木10本，低木40本）を保管させ，作業の手待ち，手戻りを防止し，並行作業の継続にて合理性を確保し，15日間の遅れを取り戻させた。

　以上の結果，工期中間点の設計変更にも追随でき，指定工期内に完成させることができた。

工程管理記述例 8

(1) 工　事　名　　〇〇公園整備工事

(2) 工事の内容

(1)の工事に関し，以下の①〜⑤について**明確**に記述しなさい。

    ① 施工場所　　〇〇県〇〇市〇〇町

    ② （ア）この工事の契約上の発注者名又は注文者名

       発注者名　　〇〇市公園課

      （イ）この工事における**あなたの所属する会社等の契約上の立場**を，

      解答欄の〔　　　〕内の該当するものに〇を付けなさい。

      「その他」に〇を付けた場合は（　　　）に契約上の立場を記述

      しなさい。

    ③ 工　期　　令和〇年5月15日〜令和〇年7月31日　約78日間

    ④ 工事金額　　￥11,760,000−

    ⑤ 工事概要

      （ア）**工事の内容**について具体的に記述しなさい。

　この工事は，関東地方の宅地造成地内において，近隣公園の整備を行うものである。本工事はその第一工事として下記の数量に基づき工事を施工するものである。工事区域以外は未整備で，工事区域は，3,000㎡である。クロガネモチは，約5km離れた産地卸売業者にて，溝堀式の根回しを行ったものを移植する。

      （イ）**工事数量**について具体的に記述しなさい。

        （例：工種，種別，細別，数量，規格等）

移植工：高木（クロガネモチ　H＝3.5m　C＝0.25m　W＝1.2m）数量80本

      低木（アベリア　　　　H＝0.8m　　　　　　　W＝0.6m）数量100本

園路工：カラーアスファルト舗装　　　　　　　　　　　　数量480㎡

擁壁工：鉄筋コンクリート擁壁工　H＝1.5m　B＝0.2−0.8m　L＝120m

フェンス工：　　　　　　　　H＝1.5m　　　　　　　　L＝120m

      （ウ）**現場の状況及び周辺の状況**について具体的に記述しなさい。

        （関連工事の有無及びその内容も含む）

　本工事は上記の工事数量に基づき工事を施工するもので，工事区域以外は未整備で，先行作業として，土木工事が行われていて，競合区域は，3,000㎡である。工事周辺は閑静な住宅地で，騒音・振動に細心の注意を払う必要

があり，工事に対する住民の理解と協力が必要であった。

(3) 工事現場における**施工管理上のあなたの立場**

　　工事主任

(4) 上記工事の施工において，**課題があった管理項目名（工程管理又は品質管理）及びその課題の内容（背景及び理由を含む）**を具体的に記述しなさい。

　　　① 施工管理項目のうち「工程管理」，又は「品質管理」のどちらか1つを選んで記入しなさい。

　　　　施工管理項目　　工程管理

　　　② ①で選んだ施工管理項目上の課題の内容を具体的に記述しなさい。

　　短期工事である上に降雨のために作業休止日が10日間となり，低木（アベリア）と高木（クロガネモチ）の移植適期が違うため，工程短縮及び工程調整に留意した。

〔改善した文章〕

　　この工事は関東地方の宅地造成地内において，近隣公園の整備を行うものである。本工事はその第一工事として，上記の工事数量に基づき施工区域は，3,000㎡である。

　　事前調査の結果，梅雨期の工事であり，不測の長雨により工事着手に10日間遅れ，工程短縮及びマイルストーン（管理日）毎の進度管理に留意する必要があった。そのため，整地工，地盤改良工から能率化を図ることが課題となり，工事着手時からの工程遅延処置が技術的課題となった。

(5) (4)の課題に対し，あなたが**現場で実施した処置又は対策**を具体的に記述しなさい。

　　① ネットワーク工程表にてフォローアップを行い，各作業の取り合い再調整及びフロートの再計算をして低木移植工と鉄筋コンクリート擁壁工を並行作業とした。

　　② 作業員の技術力や施工実績をベースにした作業班を編成し，前倒しで工程進捗させ，資機材の合理化を図り，手待ちを防止して施工量を増大させ，高木移植工も同様にして工程内に完成させた。

　　以上の結果，移植適期の調整も円滑に進み，枯損もなく活着率の向上が図れ，今後の施工計画にも反映できるデータの蓄積ができた。

〔改善した文章〕

　　① ネットワーク工程表にてフォローアップを行い，各作業の取り合い再調整及びフロートの再計算をして，作業責任者に指示をして，低木移植工と鉄筋コンクリート擁壁工を並行作業させた。

②　職長に指示をして，作業員の技術力や施工実績をベースにした作業班を編成させ，前倒しで工程進捗させ，資機材搬入の合理化を図り，手待ちを防止して施工量を増大させ，高木移植工も同様にして，10日間の遅れを解消し，工程内に完成させた。

　以上の結果，移植適期の調整も円滑に進み，枯損もなく活着率の向上が図れ，今後の施工計画にも反映できるデータの蓄積ができた。

工程管理記述例 9

(1) 工　事　名　○○公園整備工事

(2) 工事の内容

⑴の工事に関し，以下の①～⑤について**明確**に記述しなさい。

① 施工場所　○○県○○市○○町

② （ア）この工事の契約上の発注者名又は注文者名

　発注者名　○○市公園課

（イ）この工事におけるあなたの所属する会社等の契約上の立場を，解答欄の〔　　〕内の該当するものに〇を付けなさい。

「その他」に〇を付けた場合は（　　）に契約上の立場を記述しなさい。

③ 工　　期　令和○年10月20日～令和○年12月15日　約57日間

④ 工事金額又は請負代金額　¥9,765,000-

⑤ 工事概要

（ア）**工事の内容**について具体的に記述しなさい。

　当該工事は，擁壁構築後，盛土を施し，園路工を築造し，圃場より高木，中木，低木を搬入し移植を行うものである。冬季における工事のため，各工事は外気温に影響されるため，保温養生や寒害防止に留意する工事となった。

（イ）**工事数量**について具体的に記述しなさい。

　　　（例：工種，種別，細別，数量，規格等）

移植工：高木（ケヤキ　　　　　 H＝3.0 m C＝0.12 m W＝1.0 m）数量20本		
中木（トウネズミモチH＝2.5 m　　　　　 W＝1.0 m）数量10本		
低木（アオキ　　　　　 H＝1.0 m　　　　　 W＝0.7 m）数量30本		
園路工：カラーアスファルト舗装　　　　　　　　　　　数量100㎡		
擁壁工：鉄筋コンクリート擁壁工　 H＝1.0 m　　 B＝0.2－0.5 m　　 L＝80 m		

（ウ）**現場の状況及び周辺の状況**について具体的に記述しなさい。

　　　（関連工事の有無及びその内容も含む）

　工事箇所前面道路は，国道であり頻繁に一般車両が通行し，近くの小学校の通学道路でもあり，通学時間帯は工事車両の通行規制がある状況であった。現場は高台にあるため，冬季特有の寒風が強く，夜間の気温は氷点下となった。

(3) 工事現場における**施工管理上のあなたの立場**

　　工事主任

(4) 上記工事の施工において，**課題があった管理項目名（工程管理又は品質管理）及びその課題の内容（背景及び理由を含む）を具体的に記述しなさい。**

　　　　① 施工管理項目のうち「工程管理」，又は「品質管理」のどちらか1つを選んで記入しなさい。

　　　　　　施工管理項目　　工程管理

　　　　② ①で選んだ施工管理項目上の課題の内容を具体的に記述しなさい。

　　コンクリート擁壁工事時に掘削機械（小型バックホウ）が故障し，型枠工，鉄筋工に手待ちが生じ，工程短縮と後続工程の工程調整および短期工期のため，作業員の技術レベルの向上および作業効率の確保に留意した。

〔改善した文章〕

　　　この工事は，住宅街にある街区公園の整備工事であり，擁壁構築後，盛土を施し，園路工を築造し，圃場より高木，中木，低木を搬入し移植を行うものである。

　　　冬季における工事のため，各工事は外気温に影響されるため，保温養生や寒害防止が必要となり，各作業における作業効率の低下により，7日間の遅れが発生した。

　　　また，冬季のため降雨や降雪のための，作業休止日を5日間と見込んでいたが，想定外の悪天候のため，さらに5日間の作業休止日となり，工程短縮の必要が生じた。

　　　そのため，工程調整を行い，余裕日を含めて15日間の移植工程短縮が課題となった。

(5) (4)の課題に対し，あなたが**現場で実施した処置又は対策を具体的に記述し**なさい。

　　① 取り急ぎリースにより小型バックホウを1台追加して2台借り，掘削作業を工事始点，終点から進めるとともに，鉄筋工程，型枠工程の並行作業を行い，工程を進捗させ，擁壁工程の短縮を図った。

　　② ネットワーク工程表にて，フォローアップを行い，資材調達の円滑化，作業標準の確立にて遅延処置をするとともに，日常の点検および社内検査を確実に行い，手直し作業，手戻り作業の防止をした。以上の結果，合理的な作業改善が図れ，当初の遅れを取り戻し工期内に工事を完成できた。

〔改善した文章〕

　　① 協力会社を含めて工程会議を行い，冬季工事における凍害防止措置を作

業標準に明記し，作業責任者に周知徹底をさせ，職人まで理解させた。

②　作業責任者と搬入時期，保管場所の確保の検討を綿密に行い，ネットワーク工程表によるフローアップをして，各作業の取り合い再調整及びフォローアップの再計算をして，手待ち時間ロスの防止を図り，高木移植工と低木移植工を並行作業として，10日間の短縮をさせた。

③　さらなる作業効率を作業責任者と検討して，作業員の技術力や施工実績をベースにした作業班を編成し，前倒しで擁壁工，園路工を並行作業で進捗させ，資材搬入の合理化を図り，施工量を増大させてさらに5日間短縮させた。

　以上のように，早期に遅れに対する処置をした結果，効率良く15日間短縮ができ，指定工期内に工事を完成させることができた。

工程管理記述例10

(1) 工　事　名　〇〇公園整備工事

(2) 工事の内容

　(1)の工事に関し，以下の①～⑤について明確に記述しなさい。

　　① 施工場所　〇〇県〇〇市〇〇町

　　② (ア) この工事の契約上の発注者名又は注文者名

　　　　発注者名　〇〇市公園課

　　　(イ) この工事におけるあなたの所属する会社等の契約上の立場を，
　　　　解答欄の〔　　　〕内の該当するものに〇を付けなさい。

　　　　「その他」に〇を付けた場合は（　　　）に契約上の立場を記述
　　　　しなさい。

　　③ 工　　期　令和〇年5月1日～令和〇年7月31日　約92日間

　　④ 工事金額又は請負代金額　￥11,550,000 –

　　⑤ 工事概要

　　　(ア) 工事の内容について具体的に記述しなさい。

　　当該工事は，近隣住民の防災避難場所として，公園整備を行うものである。擁壁構築後，盛土を行い，比較的防火力に富む高木（クロガネモチ）低木（クルメツツジ）を公園周囲に移植し，避難通路としての園路を整備するものである。

　　　(イ) 工事数量について具体的に記述しなさい。

　　　　（例：工種，種別，細別，数量，規格等）

移植工：高木（クロガネモチ　H＝3.5m　C＝0.3m　W＝1.5m）　数量80本

　　　　低木（クルメツツジ　H＝0.5m　　　　　　W＝0.4m）　数量100本

園路工：カラーアスファルト舗装　　　　　　　　　　　　　　数量280㎡

擁壁工：鉄筋コンクリート擁壁工　H＝1.8m　　　B＝0.5m　　　L＝50m

整地工：盛土工　　　　　　　　　　　　　　　　　　　　　　数量350㎡

　　　(ウ) 現場の状況及び周辺の状況について具体的に記述しなさい。

　　　　（関連工事の有無及びその内容も含む）

　　工事場所は近隣住民の憩いの場として，公園利用者が多く，周辺道路は通学道路であるが，歩道もなく道路幅員が狭いものであった。

(3) 工事現場における**施工管理上のあなたの立場**

　工事主任

(4) 上記工事の施工において，**課題があった管理項目名（工程管理又は品質管理）及びその課題の内容（背景及び理由を含む）を具体的に記述しなさい。**

　　①　施工管理項目のうち「工程管理」，又は「品質管理」のどちらか１つを選んで記入しなさい。

　　　　施工管理項目　　工程管理

　　②　①で選んだ施工管理項目上の課題の内容を具体的に記述しなさい。

　場内の整地工程が梅雨期と重なり，降雨及びトラフィカビリティの確保により作業休止日が，10日間となり，ネットワーク工程表のクリティカルパス上の鉄筋コンクリート擁壁工程に遅れが生じ，整地工程の見直し及び植栽工，園路工の前倒し調整に留意する必要があった。

〔改善した文章〕

　この工事は，関東地方にある総合公園の未供用区域の一部区域約2.0 haの整備工事を，一次下請として行うものであった。

　場内の整地工程が梅雨期と重なり，降雨及びトラフィカビリティの確保により，作業休止日が10日間となり，元請業者から５日間早く完成するように要望があり，管理者として，指定工期より５日間の短縮が課題となった。

(5) (4)の課題に対し，あなたが**現場で実施した処置又は対策を具体的に記述し**なさい。

①　ネットワーク工程表にて１週間毎に１回フォローアップを行い，作業順序及び各作業間の取り合い再調整並びにフロートの再計算を綿密にして，掘削工，鉄筋工，型枠工を並行作業とした。

②　工程進捗に伴う資材搬入の合理化を図り，クロガネモチ植栽作業は作業改善にて手待ち，手戻りなどの損失時間を防止し，植栽工，園路工の施工量を増大した。

③　以上の結果，コスト高にもならず，早期に遅延防止ができ，無事工期内に工事が完成できた。

〔改善した文章〕

①　工程会議により，ネットワーク工程表にて１週間毎に１回フォローアップを行うことを決定し，協力業者の労働力を活用して，作業順序及び各作業間の取り合い調整並びにフロートの再計算を綿密に行い，掘削工，鉄筋工，型枠工を並行作業として５日間の前倒しで，工程調整をさせた。

②　工程進捗に伴う資材搬入の合理化を図り，クロガネモチ植栽作業も協力業者を活用して，並行作業により手待ち手戻りを防止して予定工程にて完成させた。

施工経験記述

2. 工程管理

③　以上の結果，元請業者からの要望通り 5 日間早く完成でき，引き渡すことができた。

工程管理記述例11

(1) 工　事　名　○○公園整備工事

(2) 工事の内容

(1)の工事に関し，以下の①〜⑤について**明確**に記述しなさい。

① 施工場所　○○県○○市○○町

② （ア）この工事の契約上の発注者名又は注文者名

発注者名　○○市公園課

（イ）この工事におけるあなたの所属する会社等の契約上の立場を，解答欄の〔　　〕内の該当するものに○を付けなさい。

「その他」に○を付けた場合は（　　）に契約上の立場を記述しなさい。

③ 工　　期　令和○年 5 月15日〜令和○年 8 月15日　約93日間

④ 工事金額又は請負代金額　￥13,650,000 −

⑤ 工事概要

（ア）**工事の内容**について具体的に記述しなさい。

河川敷にある公園整備工事であり，整地工は地盤改良工を含めた大がかりな工事であった。また，高木（ウバメガシ）80本，低木（アオキ）120株を園路（延長158 m）に沿って植栽するものである。

（イ）**工事数量**について具体的に記述しなさい。

植栽工：高木（ウバメガシ　H＝3.0 m　C＝0.15 m　W＝1.0 m）　数量80本

低木（アオキ　　H＝1.0 m　　　　　W＝0.7 m）　数量120株

園路工：カラーアスファルト舗装　　　　　　　　　　　　　数量450㎡

ネットフェンス：　　　　H＝2.5 m　　　　　　　　　L＝120 m

整地工：盛土工　　　　　　　　　　　　　　　　　　　数量550m³

（ウ）**現場の状況及び周辺の状況**について具体的に記述しなさい。

（関連工事の有無及びその内容も含む）

先行作業として，土木工事のグランド造成工事が進捗しており，大型重機が錯綜し稼動する状態であった。また，工事箇所周辺は，平日でも公園利用者が多い状態であった。

(3) 工事現場における**施工管理上のあなたの立場**

工事主任

(4) 上記工事の施工において，**課題があった管理項目名（工程管理又は品質管**

理）及びその課題の内容（背景及び理由を含む）を具体的に記述しなさい。

① 施工管理項目のうち「工程管理」，又は「品質管理」のどちらか1つを選んで記入しなさい。

　　　施工管理項目　　　工程管理

② ①で選んだ施工管理項目上の課題の内容を具体的に記述しなさい。

　工期内に梅雨期が重なり，降雨により整地工に15日間の遅れが発生し，工程短縮及び後続工程調整が必要となった。また，工期中間点で設計変更が生じ，7日間工事が中断し，植栽工の重点管理が必要になった。

〔改善した文章〕

　この工事は，河川敷にある公園整備工事であり，整地工は地盤改良を含めた大がかりな工事であった。契約工期は，梅雨期であり，降雨により想定外の15日間の遅れが基盤工から発生し，工期短縮及び後続工程調整が必要になった。また，工期中間点で設計変更が生じ，7日間工事が中断し，植栽工の重点管理が必要になった。さらに，先行作業である土木工事においても遅延が生じ，大型重機が錯綜する状況であり，当社施工範囲にも影響するため，工期内完成が危ぶまれ技術的課題となった。

(5) (4)の課題に対し，あなたが**現場で実施した処置又は対策**を具体的に記述しなさい。

① ネットワーク工程表によりフォローアップを随時行い，各作業間の取り合い調整及びフロートの確認を行うとともに，必要限度の作業員3名を増員し並びに掘削機械，整地機械を2台として並行作業を行う弾力的管理運営にて工程を進捗させた。

② 熟練者を中心に作業班を編成し，作業員の高度な技術力により，植栽工を進捗させ，手待ち，手戻りを防止して指定工期内に完成させた。以上の結果，今後の施工計画に反映できるデータの蓄積が図れ，合理化対策にも活用したい。

〔改善した文章〕

① 工程会議にてネットワーク工程表によりフローアップを随時行い，各下請業者の意見を取り入れ取り合い調整及びフロートの確認を行うととともに，基盤工の並行作業により工程を進捗させた。

② 綿密な工程管理計画の立案により，作業責任者に指示をして，熟練者を中心に作業班を編成させ植栽工を進捗させ，手待ち，手戻りを防止させた。

　以上の結果，当初懸念した梅雨による工程遅延が解消され，今後の工程管理計画に反映できるデータの蓄積が図れ，合理化対策にも活用させたい。

工程管理記述例12

(1) 工 事 名　○○公園整備工事

(2) 工事の内容

(1)の工事に関し，以下の①〜⑤について**明確に記述しなさい。**

　　① 施工場所　○○県○○市○○町

　　② （ア）発注者名　株式会社○○建設

　　　（イ）この工事におけるあなたの所属する会社等の契約上の立場を，**解答欄の〔　　〕内の該当するものに○を付けなさい。**

　　　　「その他」に○を付けた場合は（　　）に契約上の立場を記述しなさい。

　　③ 工　期　令和○年6月1日〜令和○年8月15日　約76日間

　　④ 工事金額又は請負金額　¥13,440,000−

　　⑤ 工事概要

　　　（ア）**工事の内容について具体的に記述しなさい。**

　住宅街の中心部にある公園の整備工事であり，敷地境界部に，高さH＝1.0mの鉄筋コンクリート擁壁を構築し，その上にネットフェンスを張り，根回しした高木，低木を植樹し，公園内の園路をカラーアスファルトに改良するものである。

　　　（イ）**工事数量について具体的に記述しなさい。**

移植工：高木（サンゴジュ　H＝2.5m　　　　　　W＝0.8m）　数量50本

　　　　高木（ツバキ　　H＝3.0m　C＝0.15m　W＝1.0m）　数量30本

　　　　低木（アオキ　　H＝1.0m　　　　　　W＝0.7m）　数量50株

園路工：カラーアスファルト舗装　　　　　　　　　　数量150㎡

擁壁工：鉄筋コンクリート擁壁工　H＝1.0m　　B＝0.3m　　L＝50m

ネットフェンス張工：　　　　H＝2.5m　　　　　　L＝80m

　　　（ウ）**現場の状況及び周辺の状況について具体的に記述しなさい。**

　　　　（関連工事の有無及びその内容も含む）

　先行作業として元請会社の土木造成工事があり，工事箇所の前面道路は，生活道路になっていて，通勤，通学時間帯は一般車両，歩行者の通行が非常に多い状態であった。

(3) 工事現場における**施工管理上のあなたの立場**

　工事主任

(4) 上記工事の施工において，**課題があった管理項目名（工程管理又は品質管理）及びその課題の内容（背景及び理由を含む）を具体的に記述しなさい。**

   ① 施工管理項目のうち「工程管理」，又は「品質管理」のどちらか1つを選んで記入しなさい。

   施工管理項目　　工程管理

   ② ①で選んだ施工管理項目上の課題の内容を具体的に記述しなさい。

　造園工事と土木工事が出合帳場になり，土木工事が梅雨期の降雨の為に，作業休止日が10日間となり，指定工期内の完工が危ぶまれる状態になり，工程短縮及び工程調整に留意した。

〔改善した文章〕

　　この工事は，住宅団地宅地造成工事に伴い，近隣公園の整備工事であり，敷地境界部に高さ H＝1.0ｍ の鉄筋コンクリート擁壁を構築し，その上にネットフェンスを張り，根回しした高木サンゴジュ，ツバキ，低木アオキを植樹し，公園内の園路をカラーアスファルトに改良するものである。

　　先行作業の土木工事造成工事と造園工事が出合帳場になり，土木工事が梅雨期の降雨のために，作業休止日が10日間となり，当該造園工事においても工程遅延が避けられない状態となった。

　　そのため，綿密な工程調整が技術的課題となった。

(5) (4)の課題に対し，あなたが**現場で実施した処置又は対策を具体的に記述し**なさい。

　① 資材搬入時期，保管場所の確保の打合せを綿密に行い，ネットワーク工程表によるフォローアップを行い，各作業の取り合い再調整及びフロートの再計算にて手待ち時間ロスの防止を図り，低木移植工と鉄筋コンクリート擁壁工を並行作業とした。

　② 作業員の技術力や施工実績をベースにした作業班を編成し，前倒しで工程進捗させ，資材搬入の合理化を図り，施工量を増大させ，高木移植工は予定工程で完成できた。

　③ 以上のように早期に遅れに対する処置をした結果，効率良く遅延対策ができ，指定工期内に工事を完成させた。

〔改善した文章〕

　① 資材搬入時期，保管場所の確保の打合せを職長と綿密に行い，ネットワーク工程表によりフォローアップを行い，各作業の取り合い調整及びフロートの再計算にて手待ち時間ロスの防止を図った。

　② 職長に指示し作業員の技術力や施工実績をベースにした作業班を編成さ

せ，施工量を増大させた。

③　圃場からの資材調達を遅らせないために，資材搬入責任者を決め，資材搬入の合理化を図り手待ちを防止し，高木移植工，低木移植工を並行作業にて進捗させた。

　以上の結果，効率良く遅延対策ができ，競合作業による遅延防止のデータ化ができた。

工程管理記述例13

⑴　工　事　名　　○○寺霊園整備工事
⑵　工事の内容
　⑴の工事に関し，以下の①〜⑤について明確に記述しなさい。
　　　①　施工場所　　○○県○○市○○町
　　　②　（ア）この工事の契約上の発注者名又は注文者名
　　　　　発注者名　　○○寺住職
　　　　（イ）この工事におけるあなたの所属する会社等の契約上の立場を，
　　　　　解答欄の〔　　〕内の該当するものに○を付けなさい。
　　　　　　「その他」に○を付けた場合は（　　）に契約上の立場を記述
　　　　　しなさい。
　　　③　工　　期　　令和○年4月15日〜令和○年7月31日　　約108日間
　　　④　工事金額又は請負代金額　　￥10,185,000−
　　　⑤　工事概要
　　　　（ア）工事の内容について具体的に記述しなさい。
　　山の斜面に霊園の造成を行い，それに続く園路を築造するため擁壁工を構
築し，緑陰として高木（モチノキ）50株，低木（キリシマツツジ）100本を
移植する工事である。現場事前調査の結果，酸性土壌であり，大規模な土壌
改良が必要であった。
　　　　（イ）工事数量について具体的に記述しなさい。
　　　　　　（例：工種，種別，細別，数量，規格等）

移植工：高木（モチノキ　　　H＝3.5m　C＝0.21m　W＝1.2m）		数量50株
低木（キリシマツツジ　H＝0.6m　　　　　　W＝0.5m）		数量100本
園路工：カラーアスファルト舗装		数量220㎡
擁壁工：鉄筋コンクリート擁壁工　H＝1.8m　　B＝0.2−1.5m		L＝150m
フェンス張工：　　　　　　　H＝1.5m		L＝150m

　　　　（ウ）現場の状況及び周辺の状況について具体的に記述しなさい。
　　　　　　（関連工事の有無及びその内容も含む）
　　霊園造成工事については土木業者が，先行作業として施工中であり，並行
作業として当社の擁壁工，園路工を行うものである。また，資材搬入路は，
山土のためトラフィカビリティの確保ができず，土木業者と協力して改良を
行う状況であった。

⑶　工事現場における**施工管理上のあなたの立場**

　　工事主任

⑷　上記工事の施工において，**課題があった管理項目名（工程管理又は品質管理）及びその課題の内容（背景及び理由を含む）を具体的**に記述しなさい。

　　　①　施工管理項目のうち「工程管理」，又は「品質管理」のどちらか1つを選んで記入しなさい。

　　　　施工管理項目　　工程管理

　　　②　①で選んだ施工管理項目上の課題の内容を具体的に記述しなさい。

　擁壁工程が梅雨期であり，降雨のために工程が寸断され，トラフィカビリティの確保が必要になり，作業員の配員計画及び資機材の調達計画の見直し並びにコストを考慮した並行作業の採用に留意した。

〔改善した文章〕

　　この工事は，山の斜面に霊園の造成を行い，それに続く園路を築造するため，高さ1mの擁壁工を構築し，緑陰として高木（モチノキ）50株，低木（キリシマツツジ）100本を移植する工事であった。

　　事前調査の結果，酸性土壌であり，大規模な土壌改良が必要であった。さらに，霊園造成工事は土木業者が先行作業として施工中であり，資材搬入路は，山土でありトラフィカビリティが得られない状況のうえ，擁壁工程が梅雨期と重なり，降雨の為に工程が寸断され，人員配置及び資材の調達計画の見直し等，7日間の工程遅延防止が技術的な課題となった。

⑸　⑷の課題に対し，あなたが**現場で実施した処置又は対策を具体的**に記述しなさい。

①　工程会議を行い掘削工，鉄筋工，型わく工の合理化を図るため，各作業員の意見を取り入れ，砕石によるトラフィカビリティの確保と湿地型バックホウをリースにより賄い，施工図に基づき工場加工を実施して，雨天日による遅延を短縮した。

②　バーチャート，工程出来高曲線図により，作業日程の把握及び作業進捗状況をつかみタイミングよく資機材の搬入を行い，手待ち，手戻りを防止し低コストにて指定工期内に完成した。

〔改善した文章〕

①　全作業員参加の工程会議を行い，掘削工，鉄筋工，型枠工の合理化を図るため，各作業員の意見を取り入れ，砕石によるトラフィカビリティの確保と湿地型バックホウをリースにより，施工図に基づき工場加工を実施させ，雨天日による遅延を短縮させた。

② 　バーチャートにＳカーブを併記した工程表により，作業日程の把握及び作業進捗状況を理解させ，タイミングよく資機材の搬入をさせ，手待ち，手戻り防止を図り，工程を進捗させた。
　　以上の結果，梅雨による降雨対策が円滑に進み，予測した７日間の工程遅延防止ができた。

工程管理記述例14

⑴　工　事　名　　○○線道路緑化整備工事

⑵　工事の内容

⑴の工事に関し，以下の①〜⑤について**明確に記述しなさい。**

　　　①　施工場所　　○○県○○市○○町

　　　②　(ア) この工事の契約上の発注者名又は注文者名

　　　　　発注者名　　株式会社○○土木工業

　　　　(イ) この工事における**あなたの所属する会社等の契約上の立場**を，

　　　　解答欄の〔　　　〕内の該当するものに○を付けなさい。

　　　　　「その他」に○を付けた場合は（　　　）に契約上の立場を記述

　　　　しなさい。

　　　③　工　期　　令和○年5月10日〜令和○年7月31日　約83日間

　　　④　工事金額又は請負代金額　　￥9,450,000−

　　　⑤　工事概要

　　　　(ア) **工事の内容について具体的に記述しなさい。**

　元請会社の道路整備工事に基づく，中央分離帯及び歩道における植樹工事，歩道改良工事であった。

　　　　(イ) **工事数量について具体的に記述しなさい。**

移植工：高木（スズカケノキ　H＝3.5 m　C＝0.18 m　W＝1.0 m）　数量80本

　　　　低木（キリシマツツジ　　H＝0.5 m　　　　　　　W＝0.4 m）　数量150本

歩道工：コンクリート平板舗装　　　　　　　　　　　　　　　　　　数量650㎡

　　　　(ウ) **現場の状況及び周辺の状況について具体的に記述しなさい。**

　　　　（関連工事の有無及びその内容も含む）

　元請会社の道路工事と並行しての作業であり，工事箇所の道路は，生活道路になっていて，特に通勤，通学時間帯は，一般車両，歩行者が頻繁に通行し，中央分離帯部分の工事時及び歩道部分の工事に合わせた交通規制，安全対策が必要な状態であった。

⑶　工事現場における**施工管理上のあなたの立場**を記述しなさい。

　工事主任

⑷　上記工事の施工において，**課題があった管理項目名（工程管理又は品質管理）及びその課題の内容（背景及び理由を含む）**を具体的に記述しなさい。

　　　①　施工管理項目のうち「工程管理」，又は「品質管理」のどちらか1

つを選んで記入しなさい。

　　　　施工管理項目　　　工程管理

　②　①で選んだ施工管理項目上の課題の内容を具体的に記述しなさい。

　市街地の工事のため，歩行者，一般車両の通行量が多く，交通規制時間帯が決定しているために，施工計画時に立てた施工量の低下が生じ，10日間の遅れが発生し，工程調整が必要になった。

〔改善した文章〕

　この工事は，市道○○線における道路緑化工事であり，中央分離帯及び歩道における植樹工事であった。事前調査の結果，元請会社の道路工事と並行しての工事であり，通勤，通学時間帯は，通行車両や歩行者が多く工程に支障が出る状況であった。

　市街地の工事であり，交通規制時間帯が決定しているため，時間的な制約を受け，競合工事でもあるため，着手後7日目においてフォローアップを行った結果，5日間の遅延が発生しており，今後の予測として，競合工事のため遅れが増大する恐れがあり，工程調整及び工程進捗により5日間の短縮が技術的課題となった。

⑸　⑷の課題に対し，あなたが**現場で実施した処置又は対策**を具体的に記述しなさい。

①　バーチャート工程表を逆算法により，工事竣工日から各作業日を決め，工程出来高曲線も修正を加え，公衆災害防止を考慮した作業体制を編成し，並行作業を組入れた。

②　植栽工は，交通量が比較的少ない時間帯にて，移動式クレーン2台により，荷卸し，立込みを行うとともに，夜間作業も取入れ施工量の増大を図り，資材搬入を円滑にし手待ちを防止して工程進捗をした結果，遅れを取り戻し無事工期内に完成させた。

〔改善した文章〕

①　元請業者の監理技術者と協議し，施工日程の調整を図り，職長に指示をして，重複しないように作業班を編成し，高木植栽工と低木植栽工の2班に分け，並行作業を取り入れ工程進捗を図らせた。

②　植栽工は，交通量が比較的少ない時間帯を見計らい，植穴を先行させ，移動式クレーン2台により，荷卸し，立込みを能率よく作業させ，施工量の増大を図らせた。

　以上の結果，競合工事に関わらず工程進捗が図れ，5日間の短縮を図ることができた。

工程管理記述例15

⑴ 工　事　名　○○線道路改良工事に伴う緑化工事

⑵ 工事の内容

　⑴の工事に関し，以下の①～⑤について**明確に記述しなさい**。

　　　①　施工場所　○○県○○市○○町

　　　②　（ア）この工事の契約上の発注者名又は注文者名

　　　　　　発注者名　○○土木工業株式会社

　　　　（イ）**この工事におけるあなたの所属する会社等の契約上の立場を，**
　　　　　解答欄の〔　　　〕内の該当するものに○を付けなさい。

　　　　　　「その他」に○を付けた場合は（　　　）に契約上の立場を記述
　　　　　しなさい。

　　　③　工　　期　令和○年5月15日～令和○年7月31日　約78日間

　　　④　工事金額又は請負代金額　￥10,290,000－

　　　⑤　工事概要

　　　　（ア）**工事の内容について具体的に記述しなさい。**

　本工事は県道○○線を拡幅し，片側に歩道（インターロッキング舗装幅員
3.5m）を築造後，緑化工事として高木（イチョウ）を80本植栽する工事で
ある。

　　　　（イ）**工事数量について具体的に記述しなさい。**

　　　　　（例：工種，種別，細別，数量，規格等）

歩道工：インターロッキング舗装　A＝485㎡

植桝工：80箇所

植栽工：高木（イチョウ　　H＝3.0m　C＝0.3m　W＝1.5m）　数量80本

　　　　（ウ）**現場の状況及び周辺の状況について具体的に記述しなさい。**

　　　　　（関連工事の有無及びその内容も含む）

　道路拡幅工事及び歩車境界ブロック設置工事までは，土木業者が先行作業
として施工し，後続作業としてインターロッキング舗装，植桝工，植栽工を
当社が施工するものであった。当該道路は近くの小，中学校の通学道路でも
あり歩行者，一般車両の通行量が多い状況であった。

⑶　工事現場における**施工管理上のあなたの立場**

　工事主任

(4) 上記工事の施工において，**課題があった管理項目名（工程管理又は品質管理）及びその課題の内容（背景及び理由を含む）を具体的に記述**しなさい。

　　　　① 施工管理項目のうち，「工程管理」，又は「品質管理」のどちらか1つを選んで記入しなさい。

　　　　施工管理項目　　工程管理

　　　　② ①で選んだ施工管理項目上の課題の内容を具体的に記述しなさい。

　道路工事が先行作業であったため，元請土木業者との工程調整が必要であった。また，当社の工期に梅雨があるため，降雨による作業休止日を見込んだ工程表の作成や遅延対策等が課題であった。

〔改善した文章〕

　本工事は，県道〇〇線を拡幅し，片側に歩道（インターロッキング舗装）幅員3.5ｍを築造後，緑化工事として高木（イチョウ）を80本植栽する工事であった。

　事前調査の結果，元請土木業者が行う，道路改良工事が先行作業としてあり，工程遅延が当社の緑化工事に影響するため，綿密な工程調整が必要であり，梅雨の降雨対策を図り，余裕日7日間を含む，工程遅延防止が技術的課題となった。

(5) (4)の課題に対し，あなたが**現場で実施した処置又は対策を具体的に記述**しなさい。

　① 工程会議は，元請業者の現場代理人，協力業者の主任技術者を含め，設計図書及び各工程表により，工程調整を行うとともに，現場事前調査の結果を参考に，資機材の調達，作業員の適正配置を綿密に立案した。

　② バーチャート，工程出来高曲線図により，作業日数，作業進行度合を把握し，早期に遅延処置を行い，協力業者との並行作業を実施する。

　③ 降雨対策として，養生シートの活用を図り，天候回復後の工事着手を早め作業効率の向上を図った。以上の結果，大幅な遅れもなく無事工期内に完成させた。

〔改善した文章〕

　① 工程会議は，元請業者の現場代理人，協力業者の主任技術者を含め，設計図書及び各工程表により，工程調整を行うとともに，現場事前調査の結果を参考に，資機材の調達，作業員の適正配置を綿密に行った。

　② バーチャートにＳカーブを併記し，職長に作業日数，作業進行度合を把握させ，協力業者との並行作業を実施させ，早期に5日間の遅延処置をさせた。

③　降雨対策として，養生シートの活用を図り，天候回復後の工事着手を早め作業効率の向上を図らせ，競合工事の遅延防止をして，工程進捗させた。
　　結果，当初懸念した元請土木業者との工程調整が円滑に進み，余裕日数3日間を含む工程で工事が完成した。

(1) 工 事 名　○○マンション新築に伴う屋上緑化工事

(2) 工事の内容

(1)の工事に関し，以下の①～⑤について**明確**に記述しなさい。

　　① 施工場所　○○県○○市○○町

　　② （ア）この工事の契約上の発注者名又は注文者名

　　　　発注者名　○○建設株式会社

　　（イ）この工事におけるあなたの所属する会社等の契約上の立場を，

　　　　解答欄の〔　　　〕内の該当するものに○を付けなさい。

　　　　「その他」に○を付けた場合は（　　　）に契約上の立場を記述

　　　しなさい。

　　③ 工　期　令和○年1月15日～令和○年3月20日　65日間

　　④ 工事金額又は請負代金額　¥9,975,000-

　　⑤ 工事概要

　　　　（ア）**工事の内容**について具体的に記述しなさい。

　　本工事は，共同住宅新築に伴う屋上緑化工事で，防水工，防根工，排水工
を行った後，人口軽量土壌工法にて中・低木を植栽するものである。

　　　　（イ）**工事数量**について具体的に記述しなさい。

　　　　　（例：工種，種別，細別，数量，規格等）

防水工（防根工）：FRPエポキシ防水　　　　　　　　　　　　A＝280㎡

人工軽量土壌工：パーライト人工土壌厚0.3m　　　　　　施工面積280㎡

植栽工：中木（キンモクセイ H＝2.0m C＝0.15m W＝1.0m）　数量10本

　　　　低木（ツツジ　　　　 H＝1.0m　　　　　 W＝1.0m）　数量20本

グランドカバー：コウライシバ　　　　　　　　　　　　施工面積280㎡

　　　　（ウ）**現場の状況及び周辺の状況**について具体的に記述しなさい。

　　　　　（関連工事の有無及びその内容も含む）

　　屋上躯体工事までは，元請建設業者が先行作業として施工し，後続作業と
して当社の屋上緑化工事を施工するものである。施工場所は，屋上であるた
め防風対策，防水，防根，排水に細心の注意を払う必要があった。

(3) 工事現場における**施工管理上のあなたの立場**

　　工事主任

(4) 上記工事の施工において，**課題があった管理項目名（工程管理又は品質管理）及びその課題の内容（背景及び理由を含む）**を具体的に記述しなさい。

    ① 施工管理項目のうち「工程管理」，又は「品質管理」のどちらか1つを選んで記入しなさい。

        施工管理項目 <u>　工程管理　　　　　　　　　　　　　　</u>

    ② ①で選んだ施工管理項目上の課題の内容を具体的に記述しなさい。

<u>　建築工事が先行作業であったため，元請建設業者との工程調整が必要であった。また，当社の工期は，竣工間近の冬期施工となり，遅延防止が必要であった。</u>

〔改善した文章〕

<u>　本工事は，共同住宅新築に伴う屋上緑化工事で，防水工，防根工，排水工を行った後，人工軽量土壌工法にて中・低木を植栽するものである。</u>

<u>　事前調査の結果，元請建築業者が行う屋上躯体工事が先行作業としてあり，工程遅延が当社の屋上緑化工事に影響するため，綿密な工程調整が必要であった。</u>

<u>　また，冬期施工であるため気温にも影響し，競合工事による遅延を予測して，7日間の余裕日数を見込んだ，工程遅延対策が技術的課題であった。</u>

(5) (4)の課題に対し，あなたが**現場で実施した処置又は対策**を具体的に記述しなさい。

<u>① 事前調査の結果を参考に，元請業者の現場代理人，協力業者の主任技術者を含め，設計図書及び各工程表により，工程調整を行うとともに，防風対策，防水工（防根工を含む），排水工等の資機材メーカーとの打合せを行い，搬入期日を調整した。</u>

<u>② 竣工期日から逆算法によりバーチャート，工程出来高曲線図を修正し，作業日数，作業進行度合を把握し，協力業者との並行作業を実施した。</u>

<u>③ 降雨対策として，養生シートの活用を図り，天候による手戻りが生じないように作業効率の向上を図った。</u>

<u>　以上の結果大幅な遅れもなく，無事工期内に完成させた。</u>

〔改善した文章〕

<u>① 事前調査の結果を参考に，元請業者の現場代理人，協力業者の主任技術者を含め，総合工程表により工程調整を行うとともに，防風対策，防水工（防根工を含む），排水工等の特殊工事につき資材メーカーとの打合せを行い，搬入期日に合わせ作業体制を整えさせた。</u>

②　実施工程表（バーチャート，Ｓカーブ）を修正し，作業日数，作業進行
度合を把握し，協力業者との並行作業を実施させ，7日間の短縮をさせた。
③　冬期対策として，養生シートを活用させ，天候による手戻りが生じない
ように各作業員に注意させ，作業効率を向上させ工程進捗させた。
　　結果，当初懸念した競合工事による工程遅延もなく，7日間の余裕で工事
が完成できた。

第1章　施工経験記述

（問題1に該当します）

3. 安全管理

近年の出題傾向は工程管理と品質管理です。安全管理の記述については，参考程度に読むようにして下さい。ずっと出題はされていませんでしたが，今後，出題される可能性もゼロではありません。

安全管理記述例1

⑴ 工　事　名　○○公園整備工事

⑵ 工事の内容

　⑴の工事に関し，以下の①〜⑤について**明確に記述しなさい。**

　　　① 施工場所　○○県○○市○○町

　　　② （ア）この工事の契約上の発注者名又は注文者

　　　　　発注者名　○○市公園課

　　　　（イ）この工事におけるあなたの所属する会社等の契約上の立場を，

　　　　　解答欄の〔　　〕内の該当するものに○を付けなさい。

　　　　　　「その他」に○を付けた場合は（　　）に契約上の立場を記述

　　　　　しなさい。

　　　③ 工　　期　令和○年 5 月15日〜令和○年 7 月31日　約78日間

　　　④ 工事金額又は請負代金額　￥15,750,000 −

　　　⑤ 工事概要

　　　　（ア）**工事の内容について具体的に記述しなさい。**

　　本工事は，団地内に擁壁を構築し，盛土を施工して公園広場に改良するものである。敷地内に移植工（高木80本，低木150株）を行うため，植栽基盤である土壌の改良を行い，中央部にカラーアスファルトによる幅員2.0 m の歩道用舗装を施工するものである。

　　　　（イ）**工事数量について具体的に記述しなさい。**

　　　　　　（例：工種，種別，細別，数量，規格等）

移植工：高木（ウバメガシ　　H＝3.0 m C＝0.15 m　　W＝1.0 m）　数量80本

　　　　低木（イヌツゲ　　　H＝1.0 m　　　　　　　W＝0.3 m）　数量150株

園路工：カラーアスファルト舗装　　　　　　　　　　　　　　　数量450㎡

擁壁工：鉄筋コンクリート擁壁工　H＝1.5 m　　B＝0.2−1.0 m　　L＝150 m

　　　　（ウ）**現場の状況及び周辺の状況について具体的に記述しなさい。**

　　　　　　（関連工事の有無及びその内容も含む）

　　閑静な住宅内における児童公園の整備工事であり，工事箇所の前面道路は，生活道路になっていて，通勤，通学時間帯は多くの通行がある状態であった。

⑶　工事現場における**施工管理上のあなたの立場**

　工事主任

⑷　上記工事の施工において，**課題があった管理項目名（安全管理又は品質管理）及びその課題の内容（背景及び理由を含む）を具体的に記述しなさい。**

　　　①　施工管理項目のうち「安全管理」，又は「品質管理」のどちらか1つを選んで記入しなさい。

　　　　　施工管理項目　　安全管理

　　　②　①で選んだ施工管理項目上の課題の内容を具体的に記述しなさい。

　統計的に作業開始時の事故が多いため，作業員全員参加による安全朝礼の励行および全作業員の安全に対する自覚の強化による，労働災害防止に留意した。

〔改善した文章〕

　　本工事は，団地内の街区公園の整備工事であり，敷地内に移植工（高木80本，低木150株）を行うため，植栽基盤である土壌の改良を行い，中央部にカラーアスファルトによる幅員2.0 mの歩道用舗装を施工するものである。

　　事前調査の結果，工事箇所の前面道路は，生活道路になっていて，通勤，通学時間帯は多くの通行がある状態であった。

⑸　⑷の課題に対し，あなたが**現場で実施した処置又は対策を具体的に記述し**なさい。

　①　安全朝礼は，ダンプトラックの運転手も含め全員参加で行い，その日の作業手順や心がまえおよび注意点を周知徹底するとともに，安全体操を取り入れ，その日の作業員の体調により配置替えをした。

　②　安全対策として工事用施工機械，仮設用設備の安全点検の励行および安全ミーティングにより作業員一人一人の意見を取り入れ，労働意欲を高め労働災害防止をした。

〔改善した文章〕

　①　安全朝礼は，ダンプトラックの運転手も含め全員参加で行い，その日の作業手順や心がまえおよび注意点を周知徹底するとともに，安全体操を取り入れ，その日の作業員の体調により配置替えを行う。

　②　安全対策として工事用施工機械，仮設用設備の安全点検の励行および安全ミーティングにより作業員一人一人の意見を取り入れ，労働意欲を高め，ヒューマンエラーを防止する等，安全管理計画を立て着工した。

　　その結果，当初懸念した作業開始時の労働災害を防止し，無事故にて工事を竣工した。

⑴ 工　事　名　○○公園整備工事

⑵ 工事の内容

　⑴の工事に関し，以下の①〜⑤について**明確**に記述しなさい。

　　①　施工場所　○○県○○市○○町

　　②　（ア）この工事の契約上の発注者名又は注文者名

　　　　発注者名　○○市公園課

　　　　（イ）この工事におけるあなたの所属する会社等の契約上の立場を，

　　　　解答欄の〔　　〕**内の該当するものに○を付けなさい。**

　　　　　「その他」に○を付けた場合は（　　）に契約上の立場を記述

　　　　しなさい。

　　③　工　　期　令和○年5月1日〜令和○年7月31日　約92日間

　　④　工事金額又は請負代金額　￥11,550,000−

　　⑤　工事概要

　　　　（ア）**工事の内容について具体的に記述しなさい。**

　臨海埋立地に，擁壁を構築し腐養土による盛土を施し，高木（クロガネモ
チ）80株，低木（クルメツツジ）100本の移植工を行い，幅員2.0mの遊歩
道を，カラーアスファルトにて延長240m施工するものである。

　　　　（イ）**工事数量について具体的に記述しなさい。**

　　　　　（例：工種，種別，細別，数量，規格等）

移植工：高木（クロガネモチ　H＝3.5m　C＝0.3m　W＝1.5m）数量80株

　　　　低木（クルメツツジ　H＝0.5m　　　　　　　W＝0.4m）数量100本

園路工：カラーアスファルト舗装　　　　　　　　　　　　　数量480㎡

擁壁工：鉄筋コンクリート擁壁工　H＝1.8m　　　　B＝0.5m　　　L＝200m

　　　　（ウ）**現場の状況及び周辺の状況について具体的に記述しなさい。**

　　　　　（関連工事の有無及びその内容も含む）

　臨海埋立地であり，塩害による移植樹の枯損防止が必要な状況であった。
また，近隣には小学校および病院があり，工事箇所周辺道路は一般車両，歩
行者等通行量が非常に多い状態であり，資機材搬出入に影響がでる状況でも
あった。

⑶ 工事現場における**施工管理上のあなたの立場**

　工事主任

⑷　上記工事の施工において，**課題があった管理項目名（安全管理又は品質管理）及びその課題の内容（背景及び理由を含む）を具体的に記述**しなさい。

　　　①　施工管理項目のうち「安全管理」，又は「品質管理」のどちらか1つを選んで記入しなさい。

　　　　施工管理項目　　安全管理

　　　②　①で選んだ施工管理項目上の課題の内容を具体的に記述しなさい。

　新規入場者に対しての安全教育の徹底および作業者の安全に対するレベルの向上に重点を置き，労働災害防止，公衆災害防止に留意する必要があった。

〔改善した文章〕

　事前調査の結果，近隣には小学校および病院があり，工事箇所周辺道路は，一般車両，歩行者等，通行量が非常に多い状態であり，資機材搬出入に影響がでる状況でもあった。また，新規入場者に対しての安全教育の徹底および作業者の安全に対するレベルの向上に重点を置き，労働災害防止，公衆災害防止等，安全管理計画の立案が課題であった。

⑸　⑷の課題に対し，あなたが**現場で実施した処置又は対策を具体的に記述**しなさい。

①　安全朝礼を行い作業始業時の事故防止をすると同時に，その日の作業内容や進め方と安全との関係，並びに作業上特に危険な箇所の明示と対策などの安全教育を新規入場者に周知徹底した。

②　安全ミーティングを随時行い作業員一人一人の意見を取り入れ安全意識の高揚と労働意欲を高め，資機材搬出入時および機械作業時は誘導員を配置し，一般車両，児童を優先した作業を行った。

〔改善した文章〕

①　安全朝礼を行い作業始業時の事故防止をすると同時に，その日の作業内容や進め方と安全との関係，並びに作業上特に危険な箇所の明示と対策などの安全教育を新規入場者に周知徹底する。

②　安全ミーティングを随時行い，作業員一人一人の意見を取り入れ安全意識の高揚と労働意欲を高め，ヒューマンエラーを防止し，資機材搬出入時および機械作業時は誘導員を配置し，一般車両，児童を優先した作業を行う等，綿密な安全管理計画を立て着工した。

　その結果，当初懸念した新規入場者に対しての教育が徹底でき，無事故にて工事が竣工した。

安全管理記述例 3

(1) 工　事　名　　○○公園整備工事

(2) 工事の内容

(1)の工事に関し，以下の①～⑤について**明確に記述**しなさい。

　　　① 施工場所　　○○県○○市○○町

　　　② （ア）この工事の契約上の発注者名又は注文者名

　　　　　　発注者名　　株式会社○○土木工業

　　　　（イ）この工事における**あなたの所属する会社等の契約上の立場**を，

　　　　解答欄の〔　　　〕内の該当するものに○を付けなさい。

　　　　　　「その他」に○を付けた場合は（　　　）に契約上の立場を記述

　　　　しなさい。

　　　③ 工　　期　　令和○年5月20日～令和○年8月10日　　約83日間

　　　④ 工事金額又は請負代金額　　¥10,290,000−

　　　⑤ 工事概要

　　　　（ア）**工事の内容**について具体的に記述しなさい。

　　本工事は，団地内に擁壁を構築し，盛土施工後，公園広場に改良するもの
である。先行作業には，元請業者が行う土地造成工事が進捗していた。後続
作業として，仮設道路部分に移植工，園路工を並行作業するものであった。

　　　　（イ）**工事数量**について具体的に記述しなさい。

移植工：高木（ウバメガシ　H＝3.0m　C＝0.15m　W＝1.0m）　数量50本

　　　　　低木（アオキ　　　H＝1.0m　　　　　　W＝0.7m）　数量50株

園路工：カラーアスファルト舗装　　　　　　　　　　　　　　数量100㎡

擁壁工：鉄筋コンクリート擁壁工　H＝1.0m　　B＝0.2−0.5m　L＝80m

　　　　（ウ）**現場の状況及び周辺の状況**について具体的に記述しなさい。

　　　　　　（関連工事の有無及びその内容も含む）

　　工事仮設道路は，元請業者が行う土地造成工事用の大型ダンプトラック，
車両系建設機械が頻繁に通行し，植栽土壌の固結状態が進行しており，土壌
改良が必要であった。また，工事前面道路は，国道のため頻繁に一般車両が
通行し，近くの小学校の通学道路でもあり，通学時間帯は工事車両の通行規
制がある状況であった。

(3) 工事現場における**施工管理上のあなたの立場**

　　工事主任

(4) 上記工事の施工において，**課題があった管理項目名（安全管理又は品質管理）及びその課題の内容（背景及び理由を含む）**を具体的に記述しなさい。

　　① 施工管理項目のうち「安全管理」，又は「品質管理」のどちらか1つを選んで記入しなさい。

　　　施工管理項目　　安全管理

　　② ①で選んだ施工管理項目上の課題の内容を具体的に記述しなさい。

工事現場は近隣住民の憩いの場として公園利用者が多く，周辺道路は歩道のない通学道路で，工事による事故防止，資機材搬出入時の公衆災害防止に留意する必要があった。

〔改善した文章〕

　　事前調査の結果，工事現場は近隣住民の憩いの場として公園利用者が多く，周辺道路は歩道のない通学道路で，工事による事故防止，資機材搬出入時の公衆災害防止等，綿密な安全管理計画の立案が課題となった。

(5) (4)の課題に対し，あなたが**現場で実施した処置又は対策**を具体的に記述しなさい。

　　① 安全朝礼にて，全作業員にその日の作業手順及び危険箇所の明示を，周知徹底するとともに，作業員相互監視による連携を推進した。

　　② 工事箇所は安全施設により完全に区分すると同時に，掘削機械，整地機械，トラッククレーンには誘導者，合図者を配置して細心の注意を払った。

　　③ 現場巡視はチェックシートにて行い，不安定な状態での作業を改善し，通学時間帯を避けて残土処理，資機材搬出入を行い，交通誘導員を出入口に配置させて万全を期した。

　　以上の結果，事故もなく無事工事が完成した。

〔改善した文章〕

　　① 安全朝礼にて，全作業員にその日の作業手順及び危険箇所の明示を周知徹底するとともに，作業員相互監視による連携を推進し，ヒューマンエラーを防止する。

　　② 工事箇所は安全施設により完全に区分すると同時に，掘削機械，整地機械，トラッククレーンには誘導者，合図者を配置して細心の注意を払う。

　　③ 現場巡視はチェックシートにて行い，不安定な状態での作業を改善し，通学時間帯を避けて残土処理，資機材搬出入を行い，交通誘導員を出入口に配置させて万全を期する等，綿密な安全管理計画を立て着工した。

　　以上の結果，事故もなく無事工事が竣工した。

第1章　施工経験記述

（問題1に該当します）

4. 環境対策

環境対策の記述については，参考程度に読むようにして下さい。
今まで出題はされていませんが，今後，出題される可能性もゼロではありません。

環境対策記述例 1

⑴　工　事　名　　○○公園整備工事

⑵　工事の内容

　⑴の工事に関し，以下の①～⑤について**明確**に記述しなさい。

　　　①　施工場所　　○○県○○市○○町

　　　②　(ア)　この工事の契約上の発注者名又は注文者名

　　　　　発注者名　　○○市公園課

　　　　(イ)　この工事におけるあなたの所属する会社等の契約上の立場を，

　　　　　解答欄の〔　　　〕内の該当するものに○を付けなさい。

　　　　　　「その他」に○を付けた場合は（　　　）に契約上の立場を記述

　　　　　しなさい。

　　　③　工　　期　　令和○年5月15日～令和○年7月31日　　約78日間

　　　④　工事金額又は請負代金額　　¥9,450,000－

　　　⑤　工事概要

　　　　(ア)　**工事の内容について**具体的に記述しなさい。

　　本工事は，団地内に擁壁を構築し，盛土を施工して公園広場に改良するものである。敷地内に移植工（高木80本，低木150株）を行うため，植栽基盤である土壌の改良を行い，中央部にカラーアスファルトによる幅員2.0mの歩道用舗装を施工するものである。

　　　　(イ)　**工事数量について**具体的に記述しなさい。

　　　　　（例：工種，種別，細別，数量，規格等）

移植工：高木（ウバメガシ　　H＝3.0m C＝0.15m　　W＝1.0m）　数量80本

　　　　　低木（イヌツゲ　　H＝1.0m　　　　　　　　　W＝0.3m）　数量150株

園路工：カラーアスファルト舗装　　　　　　　　　　　　　　　数量450㎡

擁壁工：鉄筋コンクリート擁壁工　　H＝1.5m　　B＝0.2-1.0m　　L＝150m

　　　　(ウ)　**現場の状況及び周辺の状況について**具体的に記述しなさい。

　　　　　（関連工事の有無及びその内容も含む）

　　閑静な住宅内における児童公園の整備工事であり，工事箇所の前面道路は，生活道路になっていて通勤，通学時間帯は多くの通行がある状態であった。

⑶　工事現場における**施工管理上のあなたの立場**

　　工事主任

⑷　上記工事の施工において，**課題があった管理項目名（環境対策又は品質管理**）及びその課題の内容（背景及び理由を含む）を具体的に記述しなさい。

　　①　施工管理項目のうち「環境対策」，又は「品質管理」のどちらか１つを選んで記入しなさい。

　　　施工管理項目　　環境対策

　　②　①で選んだ施工管理項目上の課題の内容を具体的に記述しなさい。

　事前調査の結果，現場周辺は通学道路になっており，残土処理，資機材搬出入における事故防止が必要であった。さらに工事が始まれば騒音・振動・粉じん等により，環境悪化が懸念された。そのため協力業者との作業調整を含め，綿密な環境保全計画の立案が技術的課題となった。

⑸　⑷の課題に対し，あなたが**現場で実施した処置又は対策**を具体的に記述しなさい。

①　環境保全会議は，現場事前調査の結果を参考に，協力業者の現場代理人を含め，各工種，種別ごとの安全対策や環境保全活動の方法を話し合い，作業調整を綿密に行い，環境負荷低減を図る。

②　安全管理体制の整備に加え，過負荷や過積載及び無駄なアイドリングの禁止を決定し，指揮命令系統の統一を図り，全作業員に周知徹底を図る。

③　過去の施工実績を参考に，安全施設，保安施設，遮音施設等の設置方法や振動防止方法，粉じん対策等を詳細に打合せを行い作業時間の調整をした。

〔改善した文章〕

①　地域住民に対して工事説明会を実施し，公衆災害防止方法や資機材搬出入，残土処理は通学時間帯を外して行うこと等を取決め，理解と協力を得る。

②　職長，安全点検者，各作業主任者を選任し，安全施工サイクル活動を励行し，その日の作業手順や危険箇所の明示を行い，安全及び環境保全に対する参加意識を高め，ヒューマンエラーを防止する。

③　低騒音・低振動型建設機械を使用し，排ガス規制車による残土処理を行い，周辺道路の清掃及び整理整頓を図る。

④　遮音設備は適正に配置し，履帯に防振ゴムの装着を行う等，綿密な環境保全計画を立て着工した。

　その結果，当初懸念した協力業者との作業調整や，環境負荷低減が円滑に進み，地域住民とのトラブルや事故もなく，無事工事が完成した。

環境対策記述例 2

(1) 工　事　名　○○公園整備工事

(2) 工事の内容

(1)の工事に関し，以下の①～⑤について明確に記述しなさい。

　①　施工場所　○○県○○市○○町

　②　(ア) この工事の契約上の発注者名又は注文者名

　　　発注者名　○○市公園課

　　　(イ) この工事におけるあなたの所属する会社等の契約上の立場を，

　　　解答欄の〔　　　〕内の該当するものに○を付けなさい。

　　　「その他」に○を付けた場合は（　　　）に契約上の立場を記述

　　　しなさい。

　③　工　　期　令和○年 5 月 1 日～令和○年 7 月31日　約92日間

　④　工事金額又は請負代金額　￥11,550,000 -

　⑤　工事概要

　　　(ア) 工事の内容について具体的に記述しなさい。

　臨海埋立地に，擁壁を構築し腐養土による盛土を施し，高木（クロガネモチ）80株，低木（クルメツツジ）100本の移植工を行い，幅員2.0 m の遊歩道を，カラーアスファルトにて延長240 m 施工するものである。

　　　(イ) 工事数量について具体的に記述しなさい。

　　　　（例：工種，種別，細別，数量，規格等）

移植工：高木（クロガネモチ　H＝3.5 m　C＝0.3 m　W＝1.5 m）数量80株

　　　　低木（クルメツツジ　H＝0.5 m　　　　　　　　W＝0.4 m）数量100本

園路工：カラーアスファルト舗装　　　　　　　　　　　　　　数量480㎡

擁壁工：鉄筋コンクリート擁壁工　H＝1.8 m　　　B＝0.5 m　　L＝200 m

　　　(ウ) 現場の状況及び周辺の状況について具体的に記述しなさい。

　　　　（関連工事の有無及びその内容も含む）

　臨海埋立地であり，塩害による移植樹の枯損防止が必要な状況であり，近隣には小学校および病院があり，工事箇所周辺道路は，一般車両，歩行者等，通行量が非常に多い状態で，資機材搬出入に影響がでる状況でもあった。

(3) 工事現場における施工管理上のあなたの立場

　工事主任

(4) 上記工事の施工において，**課題があった管理項目名（環境対策又は品質管理）及びその課題の内容（背景及び理由を含む）を具体的に記述しなさい。**

　　① 施工管理項目のうち「環境対策」，又は「品質管理」のどちらか1つを選んで記入しなさい。

　　　施工管理項目　　環境対策

　　② ①で選んだ施工管理項目上の課題の内容を具体的に記述しなさい。

　事前調査の結果，近隣には小学校および病院・特別擁護老人ホームがあり，工事箇所周辺道路は一般車両，歩行者等，通行量が非常に多い状態で，工事実施に伴う環境悪化が懸念された。そのため，綿密な事前調査を行い，環境保全計画への反映が技術的課題となった。

(5) (4)の課題に対し，あなたが**現場で実施した処置又は対策**を具体的に記述しなさい。

　① 現場事前調査の結果を参考に，協力業者を含め環境保全会議を実施し，過去の施工実績を基に，保安施設・安全施設は工事規模に対して過小にならないよう十分検討し，環境負荷低減の整備を行う。

　② 低騒音低振動型施工機械の使用や，施工方法を考慮し，排出ガス規制車による建設発生土の運搬等，全ての作業員に周知徹底を図り，環境保全対策とした。

〔改善した文章〕

　① 地域住民に対して，工事内容や将来の利便性について説明し，工事に対する理解と協力を得る。

　② 過去の施工実績を参考に，安全ミーティングを随時行い，作業員一人一人の意見を取り入れ安全意識の高揚と環境負荷低減に対する意欲を高め，低騒音低振動型施工機械や排ガス規制車により作業を進め，過負荷・過積載を禁止し，環境負荷低減を図る等，綿密な事前調査を行い環境保全計画の立案に反映させ着工した。

　その結果，当初懸念した環境悪化が改善され，公衆災害もなく無事工事が竣工した。

環境対策記述例 3

⑴ 工　事　名　　○○公園整備工事

⑵　工事の内容

　⑴の工事に関し，以下の①～⑤について**明確**に記述しなさい。

　　　①　施工場所　　○○県○○市○○町

　　　②　(ア) この工事の契約上の発注者名又は注文者名

　　　　　　発注者名　　株式会社○○土木

　　　　　(イ) この工事におけるあなたの所属する会社等の契約上の立場を，

　　　　　解答欄の〔　　　〕内の該当するものに○を付けなさい。

　　　　　　「その他」に○を付けた場合は（　　　）に契約上の立場を記述

　　　　　しなさい。

　　　③　工　　期　　令和○年5月20日～令和○年8月10日　　約83日間

　　　④　工事金額又は請負代金額　　￥10,290,000－

　　　⑤　工事概要

　　　　　(ア) **工事の内容**について具体的に記述しなさい。

　　本工事は，団地内に擁壁を構築し，盛土施工後，公園広場に改良するもの
である。先行作業には，元請業者が行う土地造成工事が進捗していた。後続
作業として，仮設道路部分に移植工，園路工を並行作業するものであった。

　　　　　(イ) **工事数量**について具体的に記述しなさい。

　　　　　　（例：工種，種別，細別，数量，規格等）

移植工：高木（ウバメガシ　　H＝3.0 m　C＝0.15 m　W＝1.0 m）　数量50本

　　　　　低木（アオキ　　　　H＝1.0 m　　　　　　　W＝0.7 m）　数量50株

園路工：カラーアスファルト舗装　　　　　　　　　　　　　　　　数量100㎡

擁壁工：鉄筋コンクリート擁壁工　H＝1.0 m　　B＝0.2－0.5 m　　L＝80 m

　　　　　(ウ) **現場の状況及び周辺の状況**について具体的に記述しなさい。

　　　　　　（関連工事の有無及びその内容も含む）

　　工事仮設道路は，元請業者が行う土地造成工事用の大型ダンプトラック，
車両系建設機械が頻繁に通行し，植栽土壌の固結状態が進行しており，土壌
改良が必要であった。また，工事前面道路は，国道のため頻繁に一般車両が
通行し，近くの小学校の通学道路でもあり，通学時間帯は工事車両の通行規
制がある状況であった。

⑶　工事現場における**施工管理上のあなたの立場**

　　工事主任

⑷　上記工事の施工において，**課題があった管理項目名（環境対策又は品質管理）及びその課題の内容（背景及び理由を含む）を**具体的に記述しなさい。

　　　　①　施工管理項目のうち「環境対策」，又は「品質管理」のどちらか1つを選んで記入しなさい。

　　　　　施工管理項目　　環境対策

　　　　②　①で選んだ施工管理項目上の課題の内容を具体的に記述しなさい。

　　事前調査の結果，工事現場は近隣住民の憩いの場として公園利用者が多く，周辺道路は歩道のない通学道路で，工事による事故防止，騒音・振動・粉じん等の環境負荷低減が必要であった。そのため綿密な環境保全計画の立案が技術的課題となった。

⑸　⑷の課題に対し，あなたが**現場で実施した処置又は対策を具体的に**記述しなさい。

　①　事前調査の結果を参考に，協力業者を含めて環境保全会議を実施し，標識・安全施設は，工事規模に対して過大あるいは過小にならないよう十分検討し，環境保全体制の整備を行い，全作業員に周知徹底を図る。

　②　過去の施工実績により，低騒音低振動型建設機械，排出ガス対策車の使用や，遮音シートの設置，防振ゴムの装着に加え，過負荷・過積載の禁止及び道路の清掃を行った。

　③　現場巡視はチェックシートにて行い，通学時間帯を避けて残土処理，資機材搬出入を行い，交通誘導員を出入口に配置させて万全を期した。

　　以上の結果，環境負荷低減が図れ無事工事が完成した。

〔改善した文章〕

　①　地域住民に対して工事説明会を実施し，理解と協力を得る。

　②　低騒音低振動型建設機械の使用や過負荷・過積載を禁止し，残土処理はシートを覆い，道路の汚れは常に清掃する。

　③　環境保全活動を励行し，全作業員の参加意識を高揚させ，法令等に従い環境保全を推進する等，綿密な環境保全計画を立て着工した。

　　その結果，当初懸念した近隣環境への負荷低減が図れ，地域住民とのトラブルもなく，無事工事が完工した。

第1章　施工経験記述

（問題1に該当します）

5. 建設副産物対策

建設副産物の記述については，参考程度に読むように
して下さい。
今まで出題はされていませんが，今後，出題される可
能性もゼロではありません。

建設副産物対策記述例 1

⑴ 工　事　名　○○公園整備工事

⑵ 工事の内容

⑴の工事に関し，以下の①〜⑤について**明確に記述しなさい**。

　　① 施工場所　○○県○○市○○町

　　② （ア）この工事の契約上の発注者名又は注文者名

　　　　発注者名　○○市公園課

　　　　（イ）この工事におけるあなたの所属する会社等の契約上の立場を，

　　　　解答欄の〔　　〕内の該当するものに○を付けなさい。

　　　　　「その他」に○を付けた場合は（　　）に契約上の立場を記述

　　　　しなさい。

　　③ 工　期　令和○年5月1日〜令和○年7月31日　約92日間

　　④ 工事金額又は請負代金額　¥11,550,000−

　　⑤ 工事概要

　　　　（ア）**工事の内容について具体的に記述しなさい**。

　当該工事は，近隣住民の防災避難場所として，公園整備を行うものである。擁壁構築後，盛土を行い，比較的防火力に富む高木（クロガネモチ）低木（クルメツツジ）を公園周囲に移植し，避難通路としての園路を整備するものである。

　　　　（イ）**工事数量について具体的に記述しなさい**。

　　　　　　（例：工種，種別，細別，数量，規格等）

移植工：高木（クロガネモチ　H＝3.5m　C＝0.3m　W＝1.5m）数量80本

　　　　低木（クルメツツジ　H＝0.5m　　　　　　W＝0.4m）数量100本

園路工：カラーアスファルト舗装　　　　　　　　　　　　　数量280㎡

擁壁工：鉄筋コンクリート擁壁工　H＝1.8m　　　B＝0.5m　　　L＝50m

整地工：盛土工　　　　　　　　　　　　　　　　　　　　　数量350㎡

　　　　（ウ）**現場の状況及び周辺の状況について具体的に記述しなさい**。

　　　　　　（関連工事の有無及びその内容も含む）

　工事場所は近隣住民の憩いの場として，公園利用者が多く，周辺道路は通学道路であるが，歩道もなく道路幅員が狭いものであった。

⑶ 工事現場における**施工管理上のあなたの立場**

　工事主任

(4) 上記工事の施工において，**課題があった管理項目名（建設副産物対策又は品質管理）及びその課題の内容（背景及び理由を含む）を具体的に記述しな**さい。

① 施工管理項目のうち「建設副産物対策」，又は「品質管理」のどちらか1つを選んで記入しなさい。

施工管理項目　　建設副産物対策

② ①で選んだ施工管理項目上の課題の内容を具体的に記述しなさい。

現場事前調査の結果，掘削発生土は第3種建設発生土に該当し，再生資源利用計画書，再生資源利用促進計画書の作成すべき該当工事であり，現場での管理体制の充実を図る必要があった。そのため，綿密な建設副産物対策の立案が技術的課題となった。

(5) (4)の課題に対し，あなたが現場で実施した処置又は対策を具体的に記述しなさい。

① 現場事前調査の結果を参考に，建設副産物対策を立案し，各工程表により工程調整を行うとともに，低騒音低振動型建設機械や排ガス規制車を選定して，危険箇所には保安設備，安全施設等を増大し，交通誘導員を2名増員する。

② 朝夕のラッシュ時は作業を中止し，交通渋滞を緩和する。

③ 掘削発生土の仮置場として，資材置場を活用し分別保管を行い，埋め戻し土として活用を図り発生を抑制する等，建設副産物対策を立て着工した。

その結果，当初懸念した発生の抑制，再使用，再利用が図れ，無事工事が竣工した。

〔改善した文章〕

① 安全朝礼，安全ミーティングにより，作業手順や危険箇所の周知徹底に加え，環境負荷低減として，低騒音型バックホウ，排ガス規制のダンプトラックを使用し，現場に責任者を配置し再生資源利用計画書及び再生資源利用促進計画書に数量を明記する。

② 掘削発生土量を抑え，運搬時は過積載を禁止し，シートを覆い土砂飛散防止を行うとともに，数量を把握し埋め戻し土に流用する等，綿密な建設副産物対策を立て着工した。

その結果，当初懸念した発生の抑制，再使用，再利用が図れ，公衆災害や作業の錯綜による労働災害もなく，無事工事が竣工した。

建設副産物対策記述例 2

(1) 工　事　名　　○○公園整備工事

(2) 工事の内容

(1)の工事に関し，以下の①〜⑤について明確に記述しなさい。

    ① 施工場所　　○○県○○市○○町

    ② (ア) この工事の契約上の発注者名又は注文者名

        発注者名　　○○市公園課

      (イ) この工事におけるあなたの所属する会社等の契約上の立場を，

      解答欄の〔　　　〕内の該当するものに○を付けなさい。

       「その他」に○を付けた場合は（　　　）に契約上の立場を記述

      しなさい。

    ③ 工　　期　　令和○年5月15日〜令和○年8月15日　　約93日間

    ④ 工事金額又は請負代金額　　¥13,650,000 −

    ⑤ 工事概要

      (ア) **工事の内容について具体的に記述しなさい。**

 河川敷にある公園整備工事であり，整地工は地盤改良工を含めた大がかり
な工事であり，高木（ウバメガシ）80本，低木（アオキ）120株を園路（延
長158 m）に沿って植栽するものである。

      (イ) **工事数量について具体的に記述しなさい。**

        （例：工種，種別，細別，数量，規格等）

植栽工：高木（ウバメガシ　　H＝3.0 m　C＝0.15 m　W＝1.0 m）　数量80本

     低木（アオキ　　　　H＝1.0 m　　　　　　　　W＝0.7 m）　数量120株

園路工：カラーアスファルト舗装　　　　　　　　　　　　　数量450㎡

ネットフェンス：　　　　　　H＝2.5 m　　　　　　　　　L＝120 m

整地工：盛土工　　　　　　　　　　　　　　　　　　　　数量550㎥

      (ウ) **現場の状況及び周辺の状況について具体的に記述しなさい。**

        （関連工事の有無及びその内容も含む）

 先行作業として，土木工事のグランド造成工事が進捗しており，大型重機
が錯綜し稼動する状態であった。また，工事箇所周辺は，平日でも公園利用
者が多い状態であった。

(3) 工事現場における**施工管理上のあなたの立場**

 工事主任

⑷　上記工事の施工において，**課題があった管理項目名（建設副産物対策又は品質管理）及びその課題の内容（背景及び理由を含む）を具体的に記述しな**さい。

  ①　施工管理項目のうち「建設副産物対策」，又は「品質管理」のどちらか１つを選んで記入しなさい。

   施工管理項目　　　建設副産物対策

  ②　①で選んだ施工管理項目上の課題の内容を具体的に記述しなさい。

 現場事前調査の結果，掘削発生土は，第２種建設発生土及び第３種建設発生土に該当し，分別保管の必要があり，再生資源利用計画書，再生資源利用促進計画書の作成すべき数量に満たないが，計画書を作成し，現場での管理体制の充実を図る必要があった。そのため，綿密な建設副産物対策の立案が技術的課題となった。

⑸　⑷の課題に対し，あなたが**現場で実施した処置又は対策を具体的に記述し**なさい。

①　現場事前調査の結果を参考に，土木工事の監理技術者，協力業者の主任技術者及び全作業員参加の建設副産物対策会議を行い，再生資源利用計画，再生資源利用促進計画に基づき，建設発生土の処理について話し合う。

②　分別保管場所として，資材置場を活用し，作業効率を図る。

③　現場に責任者を置き，管理体制の整備を行う等，建設副産物対策を立て着工した。その結果，建設発生土の抑制が図れ，場内再利用ができ無事工事が完成した。

〔改善した文章〕

①　建設副産物対策会議を行い全作業員の喚起を促し，発生量を抑制する。

②　資材置場を活用し，分別保管を行い，数量を把握し記録するとともに，現場内流用を図る。

③　過去の施工実績を参考に，朝夕のラッシュ時は運搬を中止し，仮置場周辺は常に整理整頓して，雨水流入や飛散防止を行う等，建設副産物対策を立て着工した。

　その結果，当初懸念した発生抑制，再使用が円滑に進み無事工事が竣工した。

第2章　施工全般

●問題2の1〜問題2の9　【必須問題】
●問題2の1〜問題2の9　解答・解説

> **問題2の1** 次に示す図面，工事数量表及び工事に係る条件に基づく
> 造園工事の施工管理に関する以下の設問(1)〜(3)について答えなさ
> い。 (解答 P.169)

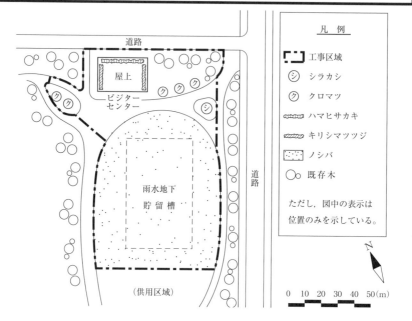

〔工事数量表〕

工　種	種　別	細　別	規　格			単位	数量	備　考
植栽基盤工	土性改良工	土性改良	黒曜石パーライト， ピートモス			m²	5,000	雨水地下貯留槽の上 部を含む
	人工地盤工	＊	＊			＊	＊	ビジターセンターの 屋上部
植栽工	高木植栽工	クロマツ	H(m) 3.0	C(m) 0.18	W(m) 1.5	本	5	二脚鳥居支柱 (添木無)
	中低木植栽工	ハマヒサカキ	H(m) 0.4	− 	W(m) 0.3	本	200	ビジターセンターの 屋上部
		キリシマツツジ	H(m) 0.3	− 	W(m) 0.25	本	300	ビジターセンターの 屋上部
	地被類植栽工	ノシバ	36 cm×28 cm×10枚			m²	＊	目地張り (目土あり)
移植工	高木移植工	シラカシ	H(m) 8.0	C(m) 1.0	W(m) 3.5	本	1	ワイヤー張り支柱

注) 表中の＊の欄に入る語句及び数値は，出題の趣旨から記入していない。

〔工事に係る条件〕

・本工事は，供用中の地区公園内のビジターセンターの建替え及び雨水地下貯留槽の設置に伴う公園再整備工事であり，左記の工事数量表に基づく工事を施工するものである。

・ビジターセンター建築工事及び雨水地下貯留槽設置工事，園路広場工事は終了している。

・本公園の位置は関東地方である。

・雨水地下貯留槽（プラスチック製）の上部には，同施設の設置に伴い発生した現場発生土に黒曜石パーライトとピートモスを混合した土を敷き均し，張芝を行う。

・ビジターセンターの屋上部には，人工軽量土壌を用いて屋上緑化を行う。

・移植するシラカシは，供用区域内に生育しているものを掘り取り，移植する。

・工期は 9 月 1 日から翌年の 3 月20日までとする。

(1) 建設工事における一般的な施工管理について，次の記述の A ～ D に当てはまる適当な語句を記述しなさい。

・建設工事は多くの場合，請負工事として施工され， A は施工計画を作成して B に提出する。工事の施工に当たっては，所定の図書や仕様書に基づき，所定の形や品質で，定められた C 内で，所定の費用で，竣工させることが必要である。

・特に，造園工事においては，不定形な自然素材の個性を活かし，それらのおさまりや周辺の景観に十分に配慮するとともに，材料として使用する D は，季節や経年変化によって形態が変化するといった性質があるため，竣工時だけでなく，将来を見据えた整備を意識することが大切である。

A	B	C	D

(2) 植栽基盤工に関し，以下の（イ）～（ニ）について答えなさい。

（イ）下図は，ビジターセンター屋上部の植栽基盤の模式断面図である。図中の（A），（B）についてそれぞれ名称とその役割を記述しなさい。

図：植栽基盤断面図（0.2 m 人工軽量土壌、排水層、押えコンクリート、防水層、スラブコンクリート（ビジターセンター躯体部分））

(A)	名称：	
	役割：	
(B)	名称：	
	役割：	

（ロ）ビジターセンター屋上部には人工軽量土壌を用いることとしている。
自然土壌を用いた場合と比較して，人工軽量土壌を用いた場合に発生する課題とその対策を具体的に記述しなさい。

課題：＿＿＿＿＿＿＿＿＿＿＿＿＿＿＿＿＿＿＿＿＿＿＿＿＿＿＿＿＿

＿＿＿＿＿＿＿＿＿＿＿＿＿＿＿＿＿＿＿＿＿＿＿＿＿＿＿＿＿＿＿＿＿

対策：＿＿＿＿＿＿＿＿＿＿＿＿＿＿＿＿＿＿＿＿＿＿＿＿＿＿＿＿＿

＿＿＿＿＿＿＿＿＿＿＿＿＿＿＿＿＿＿＿＿＿＿＿＿＿＿＿＿＿＿＿＿＿

（ハ）追加工事として，ビジターセンター屋上部にサザンカ（H1.8m，W0.4 m）5本を前記（イ）に示す植栽基盤に植え付けることになった。この場合，地上部に植栽する場合と比較して対応すべき，生育上の課題とその対策を具体的に記述しなさい。

（ただし，灌水に関する内容は除く。）

課題：＿＿＿＿＿＿＿＿＿＿＿＿＿＿＿＿＿＿＿＿＿＿＿＿＿＿＿＿＿

＿＿＿＿＿＿＿＿＿＿＿＿＿＿＿＿＿＿＿＿＿＿＿＿＿＿＿＿＿＿＿＿＿

対策：＿＿＿＿＿＿＿＿＿＿＿＿＿＿＿＿＿＿＿＿＿＿＿＿＿＿＿＿＿

＿＿＿＿＿＿＿＿＿＿＿＿＿＿＿＿＿＿＿＿＿＿＿＿＿＿＿＿＿＿＿＿＿

（ニ）雨水地下貯留槽（プラスチック製）の上部に用いる**黒曜石パーライト**について，**その効果を2つ記述しなさい。**

①＿＿＿＿＿＿＿＿＿＿＿＿＿＿＿＿＿＿＿＿＿＿＿＿＿＿＿＿＿＿＿

②＿＿＿＿＿＿＿＿＿＿＿＿＿＿＿＿＿＿＿＿＿＿＿＿＿＿＿＿＿＿＿

(3)　植栽工及び移植工に関し，以下の（イ）〜（ニ）について答えなさい。

（イ）クロマツの植付けの埋戻しに当たり，土極め（から極め）を行うこと
とした。

　　　土極め（から極め）を行う理由（利点）と，施工上の留意事項を具体
的に記述しなさい。

利点：_____

留意事項：_____

（ロ）シラカシの移植において，対象となる樹木について**事前に調査してお
くべき事項を3つ記述しなさい**。

①_____

②_____

③_____

（ハ）シラカシの移植に関し，掘取りの際，支持根の切断部から，**腐朽菌な
どの侵入を防止するために行う作業を，具体的に記述しなさい**。

_____

_____

（ニ）シラカシの植付け後に行うワイヤー張り支柱の取付けにおいて，樹木
を確実に固定するために**留意すべき施工上の措置を具体的に3つ記述し
なさい**。

　　　（ただし，樹幹の保護，ワイヤーロープの材料，樹木の見栄え，及び公
園利用者などのワイヤーロープへの衝突防止に関する内容は除く。）

①_____

_____

②_____

_____

③_____

_____

> **問題2の2** 次に示す図面，工事数量表及び工事に係る条件に基づく
> 造園工事の施工管理に関する以下の設問(1)～(5)について答えなさ
> い。解答は，解答用紙の所定の解答欄に記述しなさい。(解答 P. 170)

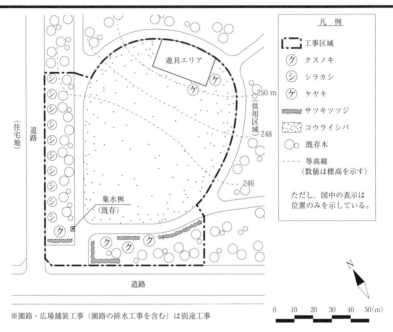

※園路・広場舗装工事（園路の排水工事を含む）は別途工事

〔工事数量表〕

工　種	種　別	細　別	規　格			単位	数量	備　考
敷地造成工	掘削工	掘削	−			m³	900	運搬を含む
植栽基盤工	透水層工	*	*			*	*	*
	表土盛土工	盛土 (発生表土)	−			m³	900	
	土性改良工	土性改良	バーク堆肥			m²	6,100	
植栽工	高木植栽工	クスノキ	H(m) 7.0	C(m) 0.80	W(m) 3.0	本	4	八ツ掛支柱 (丸太三本)
		シラカシ	H(m) 3.5	C(m) 0.18	W(m) 1.0	本	10	二脚鳥居型支柱 (添え木付)
	中低木植栽工	サツキツツジ	H(m) 0.3	C(m) −	W(m) 0.4	株	300	
	地被類植栽工	コウライシバ	36 cm×28 cm×10枚			m²	6,000	*
移植工	高木移植工	ケヤキ	H(m) 5.0	C(m) 0.30	W(m) 2.0	本	2	八ツ掛支柱 (丸太三本)
遊戯施設 整備工	遊具組立 設置工	スチール製遊具	−			式	1	

〔工事に係る条件〕

・本工事は，一部供用を開始している地区公園において，左記の工事数量表に基づき施工するものである。

・本公園の位置は関東地方である。

・コウライシバの植栽を行う区域のうち平坦なエリア部分は，表層部分（厚さ30 cm）が植栽土壌として適さず，またその下層部分は深さ1 m以上にわたって透水性が不良な地盤である。そのため，敷地造成工において表層部分をすき取って，工事区域外に搬出し，表土盛土工において良質な発生表土により盛土する。

・土性改良工は，クスノキ，シラカシ，ケヤキ，サツキツツジ，コウライシバを植栽する区域で行う。

・移植工は，供用区域内（図の範囲外）で，あらかじめ溝掘り式根回し作業を行ってあるケヤキを，掘り取ってから約200m運搬して植え付ける。

・遊具組立設置工は，図の遊具エリアに2連ブランコなどスチール製遊具を3基設置する。

・工事区域と供用区域との境界には，立入防止用の柵が既に設置されている。

・工期は11月日から翌年の3月10日までとする。

(1) 表土の保全と活用に関して，次の記述の A ～ D に当てはまる適当な語句を記述しなさい。

・表土は，一般に地表面に堆積した落葉などが， A による分解の過程で形成された腐植を含むものであり，有機質に富み，一般的には B 色の色味が強く， C 構造を持つことから通気性，透水性，保水性に優れている。そのため，植物の生育に適した良質な D 材として用いることができる。

A	B	C	D

(2) 植栽基盤工に関し，以下の（イ），（ロ）について答えなさい。

（イ）コウライシバの植栽を行う区域のうち，平坦なエリアで行う土壌中の排水性を改善するために必要となる**透水層工について**，その作業内容を**作業手順に沿って具体的に記述しなさい。**

_____

_____

_____

（ロ）植栽工を行う区域において，土壌改良材としてバーク堆肥を用いることとしている。バーク堆肥を用いることによる一般的な土壌改良効果を具体的に2つ記述しなさい。

①_____

②_____

(3) 高木移植工及び高木植栽工に関し，以下のイ〜ホについて答えなさい。

（イ）ケヤキの移植に先立ち行われた溝掘り式根回しが，樹木の活着や生育を促す仕組みを具体的に記述しなさい。

_____

_____

（ロ）ケヤキの移植において移動式クレーンを使用することとしている。積込み作業を行う際に樹幹や枝葉に損傷を与えないようにするため，どのような品質管理上の措置を行うのか，対象部位等を明記して具体的に2つ記述しなさい。

（ただし，クレーンの据付け・操作に関する内容は除く。）

①_____

_____

②_____

_____

（ハ）シラカシの植栽に当たって，使用する移動式クレーンなどの機材を公園敷地内に設置することが不可能なため，隣接する道路敷地の一部に設置して実施することにした。

この作業の実施のために必要となる法令上の手続き，及び道路利用者に対する安全確保に関する以下の①〜③について記述しなさい。

①工事開始前に提出すべき書類の名称
②書類の提出先（官公庁）の名称
③道路を通行する歩行者に対する安全確保のための措置

①_____

②_____

③_____

（ニ）シラカシの植栽において，工期との関係で想定される問題点を記述しなさい。また，その問題点に対する対策として行う作業を具体的に2つ記述しなさい。

問題点：_____

　　　　_____

作業内容①：_____

　　　　_____

作業内容②：_____

　　　　_____

（ホ）クスノキやケヤキの植付け後には，八ツ掛支柱を設置することとして
　　　いる。**支柱の設置が樹木の活着を助ける仕組みを具体的に記述しなさ**
　　　い。
　　　（ただし，倒木の防止に関する内容は除く。）

　　　_____

(4)　地被類植栽工において，張芝を**斜面地で行う際，施工上の留意すべき措置**
　　を具体的に2つ記述しなさい。
　　　（ただし，安全管理に関する内容は除く。）

　　　①_____

　　　②_____

(5)　遊具組立設置工において，スチール製遊具（3基）を据付けるに当たり，
　　供用後の**安全な利用を確保するため，施工上の留意すべき措置を具体的に2**
　　つ記述しなさい。なお，部材の損傷はない。
　　　（ただし，接合材や固定方法などの部材の組立て，遊具の引渡し，据付け
　　　作業中の安全管理に関する内容は除く。）

　　　①_____

　　　_____

　　　②_____

　　　_____

【必須問題】

> **問題2の3** 次に示す図面，工事数量表及び工事に係る条件に基づく
> 造園工事に関する以下の設問(1)～(5)について答えなさい。
> 解答は，解答用紙の所定の解答欄に記述しなさい。（解答 P. 171）

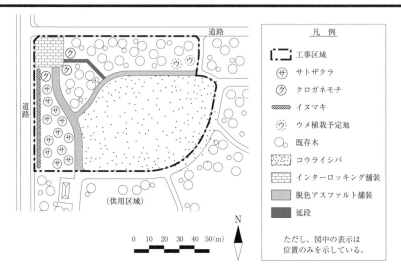

〔工事数量表〕

工 種	種 別	細 別	規 格			単位	数量	備 考
植栽基盤工	土性改良工	*	*			m²	1,400	*
植栽工	高木植栽工	サトザクラ	H(m) 2.5	C(m) 0.10	W(m) −	本	12	二脚鳥居型支柱
		クロガネモチ	H(m) 3.5	C(m) 0.21	W(m) 1.0	本	3	二脚鳥居型支柱
	中低木植栽工	イヌマキ	H(m) 1.2	C(m) −	W(m) 0.4	本	130	布掛支柱
	地被類植栽工	コウライシバ	36 cm×28 cm×10枚			m²	4,700	べた張り
移植工	根回し工	ウメ	60 cm≦C＜90 cm			本	2	溝掘り式根回し
園路広場整備工	石材系園路工	延段	*			m²	30	*
	アスファルト系園路工	脱色アスファルト舗装	−			m²	640	
	コンクリート系園路工	インターロッキング舗装	−			m²	400	

注) 表中の＊の欄に入る語句は，出題の趣旨から記入していない。

〔工事に係る条件〕
・本工事は、一部供用を開始している総合公園において、左記の工事数量表に基づき施工するものである。
・本公園の位置は関東地方である。
・植栽基盤工は、西側道路沿いのサトザクラ、イヌマキなどを植栽する区域で行う。
・根回し工は、本公園とは別の公園で生育しているウメについて、本工事において根回し工（溝掘り式根回し）を行うものである。一年後に本公園に移植することを予定している。
・工事区域と供用区域との境界には、立入防止用の柵が既に設置されている。
・工期は、5月1日から9月30日までとする。

(1) 植栽基盤工に関し、以下の（イ）、（ロ）について答えなさい。
（イ）サトザクラなどを植栽する区域において、長谷川式土壌貫入計による調査を行った。

　　　下図は調査地点のうち1つの地点におけるS値を深さに応じて表示したものである。この**測定結果から読み取れる植栽基盤に関する問題点について、数値を用いて具体的に記述しなさい。**

　　　（ただし、対策工法に関する内容は除く。）

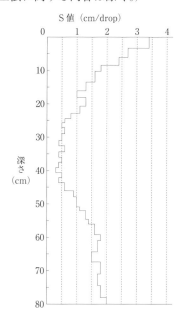

問題点：_____

(ロ) サトザクラなどを植栽する区域の土性は埴壌土又は埴土であり，土壌
　　　ｐＨは4.0〜4.7であった。前問（イ）の調査結果も踏まえ，この区域で
　　　土性改良工を行う際に2種の土壌改良材を使用することとした。使用す
　　　る**土壌改良材として，適当なものを下記のア〜カの中から2つ選んで，
　　　その記号を記入**しなさい。

| ア．真珠岩パーライト | イ．ゼオライト | ウ．黒曜石パーライト |
| エ．ピートモス | オ．炭酸カルシウム | カ．硫安 |

---

(2)　高木植栽工に関し，以下の（イ）〜（ハ）について答えなさい。
　(イ)　クロガネモチの植付けに当たり，搬入された樹木の枝葉の剪定を行っ
　　　た。**その作業目的と作業方法をそれぞれ具体的に記述**しなさい。
　　　作業目的：_____
　　　_____

　　　作業方法：_____
　　　_____

　(ロ)　植え穴掘りが終わった後の樹木の**立込み作業に関する留意事項を具体
　　　的に2つ記述**しなさい。
　　　（ただし，使用する移動式クレーンなどの選定やそれを使用した作業，吊
　　　　上げ時の樹木の保護養生，及び安全管理に関する内容は除く。）
　　　①_____
　　　_____

　　　②_____
　　　_____

　(ハ)　高木植栽工が終わってから工事完成までの間に行う樹木への灌水に関
　　　して，**工期との関係で留意すべき事項を具体的に2つ記述**しなさい。
　　　①_____
　　　_____

　　　②_____
　　　_____

(3)　中低木植栽工に関し，以下の（イ），（ロ）について答えなさい。
　(イ)　下図は，西側道路沿いに植栽するイヌマキの布掛支柱の模式図であ

る。これに用いる杉丸太及び唐竹について，**材料選定に関する留意事項**をそれぞれ具体的に記述しなさい。

杉丸太：_____

唐　竹：_____

（ロ）下図の支柱の取付けに当たり，図中の①，②の箇所の**結束方法**をそれぞれ具体的に記述しなさい。

① _____

② _____

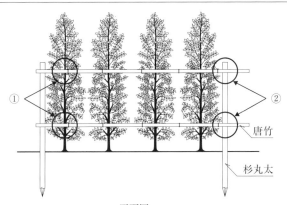

正面図

(4)　根回し工に関し，以下の（イ），（ロ）について答えなさい。

　（イ）ウメの根回しを溝掘り式根回しで行う際，支持根に対して行う**環状はく皮の作業上の留意事項**を具体的に記述しなさい。

　　　（ただし，はく皮部における薬品の塗布，及び使用する道具に関する内容は除く。）

_____

（ロ）溝掘り式根回しを行う際，支持根以外の根については，鉢の面で切り落とし，切り口を鋭利な刃物で切り直すこととしている。**その理由を具体的に記述しなさい。**

_____

⑸　石材系園路工として施工する延段について，不整形な自然石を用いて施工
　することとした。この延段の**施工方法（張り方や目地など）に関する留意事**
　項を 2 つ記述しなさい。
　　　（ただし，路盤などの基礎工や安全管理に関する内容は除く。）
　　① _____

　　② _____

【必須問題】

> **問題2の4** 右図に示す公園における造園工事に関する以下の設問(1)
> 〜(4)について答えなさい。**解答は解答用紙の所定の解答欄に記述**
> しなさい。
> (解答 P.172)

〔工事数量表〕

工種	種別	細別	規格			単位	数量	摘要
敷地造成工	盛土工	流用土盛土				m³	6,000	他の工事現場から流用
植栽基盤工	造形工	築山				m³	4,000	
植栽工	高木植栽工	ヤマザクラ	H(m) 3.5	C(m) 0.15	W(m) 1.0	本	20	支柱取付け
		コナラ	H(m) 3.5	C(m) 0.15	W(m) 1.2	本	12	支柱取付け
		ヤマボウシ	H(m) 3.0	C(m) 0.15	W(m) 1.5	本	10	支柱取付け
	中低木植栽工	オオムラサキ	H(m) 0.5	C(m) −	W(m) 0.5	本	1,200	
	地被類植栽工	コウライシバ				m²	11,000	目地張り（目土あり）
移植工	高木移植工	クスノキ	H(m) 20.0	C(m) 1.8	W(m) 18	本	1	支柱取付け（シンボルツリー）
		シラカシ	H(m) 15.0	C(m) 1.2	W(m) 12	本	8	支柱取付け
		ケヤキ	H(m) 12.0	C(m) 1.0	W(m) 10	本	5	支柱取付け
		カツラ	H(m) 15.0	C(m) 1.2	W(m) 10	本	10	支柱取付け
		イチョウ	H(m) 15.0	C(m) 1.5	W(m) 13	本	7	支柱取付け
園路広場整備工	土系園路工	土舗装				m²	300	
修景施設整備工	流れ工	石組	自然石0.5〜3t			個	300	
	滝工	滝石組	自然石0.5〜5t			個	15	
建築施設組立設置工	四阿工	四阿設置				基	2	

〔工事に係る条件〕

・本工事は，供用中の総合公園において，一部の区域についての再整備を行うものであり，上記の工事数量表に基づく工事を施工するものである。

・再整備区域は，野外ステージ（コンクリート造）と既存林からなるエリアであったが，老朽化した野外ステージを撤去し，築山，流れ，四阿などを配した園池として再整備するものである。

・野外ステージの撤去は既に終了している。

・既存林の高木31本は，移植後すぐに移植地の既存の芝生広場の緑陰となるように移植することとなっているが，根回しを行っていない。

・既存林のクスノキ1本は，供用中の大芝生広場のシンボルツリーとして移植する。

・移植工が終了しなければ，再整備区域の敷地造成工，植栽基盤工，植栽工，園路広場整備工，修景施設整備工，建築施設組立設置工等に着手できない。

・地元要望により，大芝生広場は，工事期間中もできる限り使えるようにしておく必要がある。

・工期は6月1日から翌年の3月15日までとする。

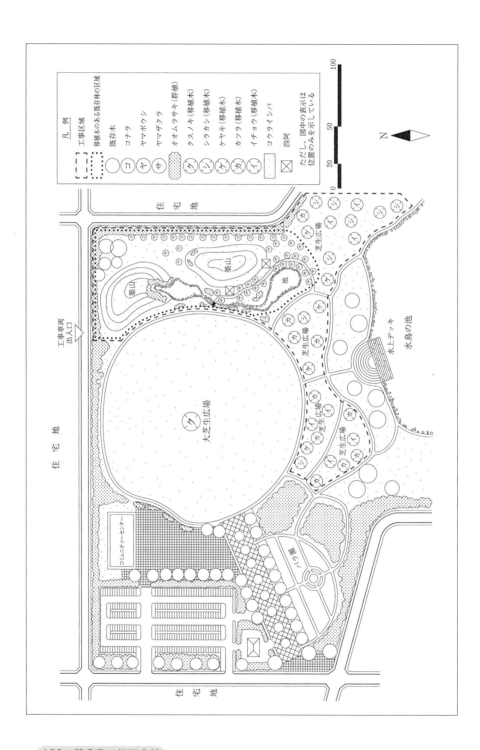

(1) 高木移植工についてはある工法を予定しているため，移植予定樹木に根回しを行っていない。**予定している工法として考えられるものを記述し，その工法を採用する利点を具体的に2つ記述しなさい。**

予定している工法＿＿＿＿＿＿＿＿＿＿＿＿＿＿＿＿＿＿＿＿＿＿＿

採用する利点　①＿＿＿＿＿＿＿＿＿＿＿＿＿＿＿＿＿＿＿＿＿＿＿

　　　　　　　②＿＿＿＿＿＿＿＿＿＿＿＿＿＿＿＿＿＿＿＿＿＿＿

(2) シンボルツリーとするクスノキの移植工において，**必要と考えられる仮設備（安全管理上必要なものを除く）を記述し，その目的と施工上の留意点を具体的に記述しなさい。**

仮設備＿＿＿＿＿＿＿＿＿＿＿＿＿＿＿＿＿＿＿＿＿＿＿＿＿＿＿＿

その目的と施工上の留意点＿＿＿＿＿＿＿＿＿＿＿＿＿＿＿＿＿＿＿

＿＿＿＿＿＿＿＿＿＿＿＿＿＿＿＿＿＿＿＿＿＿＿＿＿＿＿＿＿＿＿

(3) 高木移植工に関し，以下の（イ）～（ヘ）について答えなさい。

（イ）搬入された**樹木の整枝（姿）剪定を行う場合の作業方法とその目的をそれぞれ具体的に記述しなさい。**

作業方法＿＿＿＿＿＿＿＿＿＿＿＿＿＿＿＿＿＿＿＿＿＿＿＿＿

＿＿＿＿＿＿＿＿＿＿＿＿＿＿＿＿＿＿＿＿＿＿＿＿＿＿＿＿＿

その目的＿＿＿＿＿＿＿＿＿＿＿＿＿＿＿＿＿＿＿＿＿＿＿＿＿

＿＿＿＿＿＿＿＿＿＿＿＿＿＿＿＿＿＿＿＿＿＿＿＿＿＿＿＿＿

（ロ）**植え穴掘りの作業手順・方法を具体的に記述しなさい。**

（ハ）**樹木の立込み作業において，作業上留意すべき事項を具体的に記述しなさい。**（クレーン等の機材・作業に関する内容及び吊上げに当たっての樹木の保護養生に関する内容は除く）。

（ニ）**水極めの作業手順・方法を具体的に記述しなさい。**

（ホ）植付け後に水鉢を切ることとするが，その作業方法を具体的に記述しなさい。

_____

_____

（ヘ）本工事で植栽するヤマザクラに最も適した支柱形式名を1つ記述しなさい。

支柱形式名_____

(4) 地被類植栽工に関し，以下の（イ），（ロ）について答えなさい。

（イ）植栽地の整備作業において土壌pHを測定したところ，pH 8.5であった。この植栽地の土壌pHを中和するために用いる**土壌改良資材として適当なもの**を①～⑤から**2つ選び**，その番号を解答欄に記入しなさい。

① 消石灰

② 硫酸第一鉄

③ 炭酸カルシウム

④ 真珠岩パーライト

⑤ ピートモス

解答欄

番号	
番号	

（ロ）**目土がけの作業方法**を具体的に**3つ**記述しなさい。（材料に関する内容は除く）。

① _____

② _____

③ _____

【必須問題】

問題2の5 下図に示す公園における造園工事に関する以下の設問(1)～(5)について答えなさい。**解答は，解答用紙の所定の解答欄に記述しなさい。**

(解答 P.173)

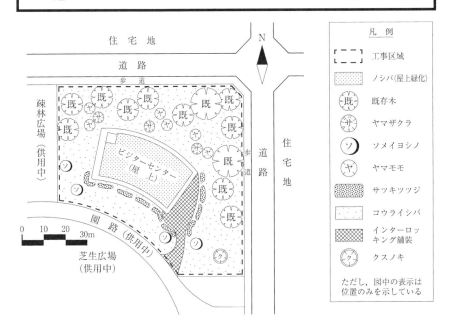

〔工事数量表〕

工　程	種　別	細　別	規　格			単位	数量	摘　要
植栽基盤工	人工地盤工					式	1	ビジターセンター屋上部分
植栽工	高木植栽工	ヤマザクラ	H(m) 4.0	C(m) 0.21	W(m) 1.8	本	3	二脚鳥居支柱（添木付）
		ソメイヨシノ	H(m) 4.0	C(m) 0.21	W(m) 1.8	本	4	二脚鳥居支柱（添木付）
		ヤマモモ	H(m) 4.0	C(m) 0.4	W(m) 1.2	本	6	ハツ掛支柱
	中低木植栽工	サツキツツジ	H(m) 0.3	C(m) —	W(m) 0.4	本	300	
	地被類植栽工	ノシバ				m²	600	ベタ張り（目土あり）
		コウライシバ				m²	1,800	目地張り（目土あり）
移植工	高木移植工	クスノキ	H(m) 8.0	C(m) 1.0	W(m) 3.5	本	1	ハツ掛支柱
園路広場整備工	コンクリート系園路工	インターロッキング舗装				m²	210	

〔工事に係る条件〕

・本工事は，一部供用を開始している地区公園の未供用区域におけるビジターセンター新築工事に伴い，上記工事数量表に基づく工事を施工するものである。

・工事区域は既に造成されており，貴重な動植物は存在しないものとする。

・ビジターセンターの建築工事は終了しているものとする。

・本公園の位置は関東地方であり，周辺は住宅地である。

・クスノキは，予め溝掘式の根回しを行ってあるものを近接する広場から移植する。

・工期は11月15日から翌年の2月28日までとする。

(1)　本工事を行うにあたり，**現場条件**について**事前に調査すべき項目を3つ記述**しなさい。

　　　① _____

　　　② _____

　　　③ _____

(2)　屋上緑化の植栽基盤に関する次の記述の　 A 　〜　 H 　に当てはまる，**最も適当な語句を下記のア〜ヌの中から選び，その記号を解答欄に記入**しなさい。

　　　「一般に，屋上の植込み地には，植込み地を支える構造物の　 A 　から制約を受けること，大地から隔離され　 B 　であること，植ますとなる構造物からの影響を受けて　 C 　の変動が大きいことなどの制約がある。

　　　このような植込み地で用いる　 D 　土壌は，特に　 E 　及び　 F 　が良好であることが求められる。

　　　本工事においては，現場発生土を用いることとしているが，現場の土の　 E 　を　 G 　により測定し，また，　 F 　を手の感触により判断したところ，　 F 　の改良が必要と判断されたため，土壌改良材として，　 H 　を用いることとした。」

ア．面積	イ．土壌温度	ウ．酸性	エ．透水性　　オ．リトマス試験紙
カ．材質	キ．土壌色判別法	ク．土壌湿度	ケ．軽量　　コ．粘土質
サ．保肥性	シ．長谷川式土壌貫入計	ス．土壌硬度	セ．黒曜石パーライト
ソ．毛管水の供給が無く乾燥しがち	タ．許容荷重	チ．長谷川式簡易透水試験器	
ツ．保水性　テ．土壌pH		ト．地熱の供給が無く低温となりがち	
ナ．山中式土壌硬度計		ニ．アルカリ性　　ヌ．真珠岩パーライト	

解答欄

A		E	
B		F	
C		G	
D		H	

(3) 下図は，ビジターセンター屋上に施工する屋上緑化の断面模式図である。図中の(A)～(C)の部位の名称とその設置目的を具体的に記述しなさい。

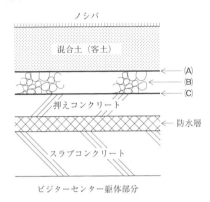

ビジターセンター躯体部分

解答欄

	部位の名称	設置目的
(A)		
(B)		
(C)		

(4) 高木移植工について，工期との関係で考えられる問題点を1つ記述し，その問題点に対する対策として行う作業を2つあげ，それぞれの作業の目的を具体的に記述しなさい。

問題点＿＿＿＿＿＿＿＿＿＿＿＿＿＿＿＿＿＿＿＿＿＿＿＿＿＿＿＿＿

問題点に対する対策作業
① ＿＿＿＿＿＿＿＿＿＿ 作業の目的 ＿＿＿＿＿＿＿＿＿＿＿＿＿

② | 作業の目的 |
_____

(6) 高木植栽工におけるヤマモモの植付け後に行うハツ掛支柱の取付けにあたって，「支柱と支柱」及び「支柱と樹幹（枝）」の結束方法を具体的に3つ記述しなさい。

① _____

② _____

③ _____

【必須問題】

> **問題2の6** 下図に示す公園における造園工事に関する以下の設問
> ⑴，⑵について答えなさい。**解答は，解答用紙の所定の解答欄に
> 記述しなさい。**
> (解答 P.175)

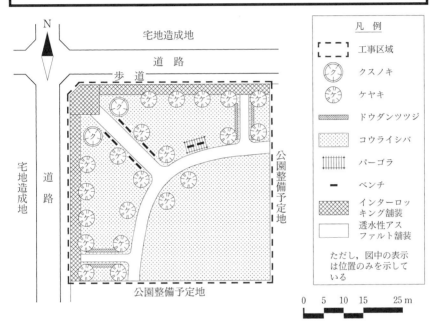

〔工事数量表〕

工　種	種　別	細　別	規　格			単位	数量	摘　要
植栽工	高木植栽工	ケヤキ	H(m) 5.0	C(m) 0.25	W(m) 2.0	本	21	二脚鳥居型支往
	中低木植栽工	ドウダンツツジ	H(m) 0.5	C(m) -	W(m) 0.25	本	300	
	地被類植栽工	コウライシバ				㎡	1,700	目地張り （目土あり）
移植工	高木移植工	高木移植 （クスノキ）	H(m) 8.0	C(m) 0.8	W(m) 3.5	本	2	ワイヤー張り 支往
建築施設組立設置工	パーゴラ工	パーゴラ設置				基	1	
サービス施設整備工	ベンチ・ テーブル工	ベンチ設置				基	10	
園路広場整備工	アスファルト 系園路工	透水性アスフ ァルト舗装				㎡	280	
	コンクリート 系園路工	インターロッ キング舗装				㎡	270	

〔工事に係る条件〕

・関東地方の宅地造成地内において，近隣公園の整備を行うものである。

・本工事はその第一期工事として上記の工事数量表に基づく工事を施工するものである。

・工事区域以外は未整備である。また，工事の区域は約2,500㎡である。

・工期は6月1日から同年の9月15日までとする。

・クスノキは，約3km離れた宅地造成地から，予め溝掘式の根回しを行ったものを移植する。

(1) ケヤキの植栽工について，以下の（イ），（ロ）について答えなさい。

  (イ) 本工事における植栽基盤について，**長谷川式土壌貫入計と山中式土壌硬度計により土壌硬度を測定する場合の測定方法をそれぞれ具体的に記**述しなさい。

長谷川式土壌貫入計の場合

山中式土壌硬度計の場合

  (ロ) 夏期における植栽工事後の灌水を行うにあたっての留意事項を具体的に2つ記述しなさい。

  ①

  ②

(2) クスノキの移植工について，以下の（イ）～（ニ）について答えなさい。

  (イ) 溝掘式の根回しの作業内容のうち根の処理作業に係るものを具体的に4つ記述しなさい。

  ①

  ②

  ③

  ④

  (ロ) 溝掘式の根回しが移植後の樹木の生育・活着を促す仕組みを具体的に記述しなさい。

（ハ）移動式クレーンを使用し，クスノキの植込み作業を行う場合，樹木に
損傷を与えないようにするため，樹幹や枝葉に対する品質管理上の措置
を具体的に 2 つ記述しなさい。

①

②

（ニ）ワイヤー張り支柱の取付け方法を具体的に 4 つ記述しなさい。

①

②

③

④

施工全般

> **問題2の7** 下図の公園の整備について，以下の設問(1)～(3)について
> 答えなさい。**解答は，解答用紙の所定の解答欄に記述しなさい。**
>
> (解答 P.176)

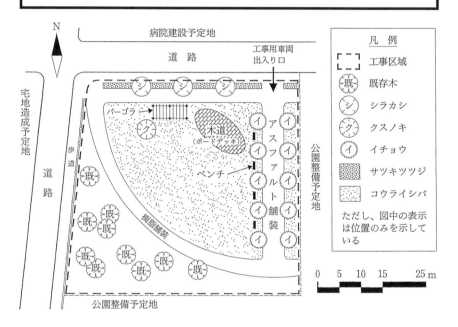

〔工事数量表〕

| 工　種 | 種　別 | 細　別 | 規　格 | | | 単位 | 数量 | 備　考 |
			H(m)	C(m)	W(m)			
植　栽　工	高木植栽工	イチョウ	3.5	0.18	1.2	本	10	二脚鳥居(添木付)
		シラカシ	2.0	–	0.5	本	3	ハツ掛(竹)
	中低木植栽工	サツキツツジ	0.3	–	0.5	本	150	
	地被類植栽工	コウライシバ				m²	800	目地張り(目土あり)
移　植　工	高木移植工	高木移植(クスノキ)	7.0	0.8	3.0	本	1	ハツ掛(丸太)
建築施設組立設置工	パーゴラ工	パーゴラ設置				基	1	
サービス施設整備工	ベンチ・テーブル工	ベンチ設置				基	4	
園路広場整備工	アスファルト系園路工	アスファルト舗装				m²	350	
	樹脂系園路工	樹脂舗装				m²	200	
	木系園路工	木道設置				m²	50	

〔工事に係る条件〕
・関東地方の丘陵地のニュータウン建設予定地において，地区公園の整備を行うものである。
・本工事はその第一期工事として上記の工事数量表に示す工事を施工するものである。
・工事区域外は未整備である。また，工事の区域は約2,500㎡である。
・工期は4月20日から同年の7月30日までとする。
・クスノキについては，隣接する宅地造成予定地から，予め溝掘式の根回しを行ってあるものを移植する。

(1) イチョウの植栽工について，以下の（イ）～（ハ）について答えなさい。

（イ）遅効性肥料（元肥）を施す場合に施工上留意すべき事項を具体的に記述しなさい。

_____

_____

（ロ）水極めにより植付けを行う場合の手順・方法について具体的に記述しなさい。

_____

_____

（ハ）支柱の設置が樹木の活着を助けるしくみについて具体的に記述しなさい。

_____

_____

_____

(2) クスノキの移植工について，以下の（イ），（ロ）について答えなさい。

（イ）樹木の掘取り作業において行うべき「枝葉」と「根」に対する品質管理上の作業をそれぞれ一つずつあげ，その効果を具体的に記述しなさい。

「枝葉」に対する作業_____

_____

効果 _____

_____

_____

「根」に対する作業＿＿＿＿＿＿＿＿＿＿＿＿＿＿＿＿＿＿＿＿＿＿＿＿＿＿＿

＿＿＿＿＿＿＿＿＿＿＿＿＿＿＿＿＿＿＿＿＿＿＿＿＿＿＿＿＿＿＿＿＿＿＿＿

効果＿＿＿＿＿＿＿＿＿＿＿＿＿＿＿＿＿＿＿＿＿＿＿＿＿＿＿＿＿＿＿＿＿＿＿

＿＿＿＿＿＿＿＿＿＿＿＿＿＿＿＿＿＿＿＿＿＿＿＿＿＿＿＿＿＿＿＿＿＿＿＿

（ロ）植栽箇所において不透水層の存在が確認された。樹木の枯損を防ぐための植え穴の排水処理として考えられる対策を具体的に2つ記述しなさい。

① ＿＿＿＿＿＿＿＿＿＿＿＿＿＿＿＿＿＿＿＿＿＿＿＿＿＿＿＿＿＿＿＿

＿＿＿＿＿＿＿＿＿＿＿＿＿＿＿＿＿＿＿＿＿＿＿＿＿＿＿＿＿＿＿＿＿＿

② ＿＿＿＿＿＿＿＿＿＿＿＿＿＿＿＿＿＿＿＿＿＿＿＿＿＿＿＿＿＿＿＿

＿＿＿＿＿＿＿＿＿＿＿＿＿＿＿＿＿＿＿＿＿＿＿＿＿＿＿＿＿＿＿＿＿＿

(3) 芝生の植栽地の整地について，以下の（イ），（ロ）について答えなさい。

（イ）整地作業において，留意すべき事項を具体的に3つ記述しなさい。

① ＿＿＿＿＿＿＿＿＿＿＿＿＿＿＿＿＿＿＿＿＿＿＿＿＿＿＿＿＿＿＿＿

② ＿＿＿＿＿＿＿＿＿＿＿＿＿＿＿＿＿＿＿＿＿＿＿＿＿＿＿＿＿＿＿＿

③ ＿＿＿＿＿＿＿＿＿＿＿＿＿＿＿＿＿＿＿＿＿＿＿＿＿＿＿＿＿＿＿＿

＿＿＿＿＿＿＿＿＿＿＿＿＿＿＿＿＿＿＿＿＿＿＿＿＿＿＿＿＿＿＿＿＿＿

（ロ）目土を行う目的を具体的に2つ記述しなさい。

① ＿＿＿＿＿＿＿＿＿＿＿＿＿＿＿＿＿＿＿＿＿＿＿＿＿＿＿＿＿＿＿＿

＿＿＿＿＿＿＿＿＿＿＿＿＿＿＿＿＿＿＿＿＿＿＿＿＿＿＿＿＿＿＿＿＿＿

② ＿＿＿＿＿＿＿＿＿＿＿＿＿＿＿＿＿＿＿＿＿＿＿＿＿＿＿＿＿＿＿＿

＿＿＿＿＿＿＿＿＿＿＿＿＿＿＿＿＿＿＿＿＿＿＿＿＿＿＿＿＿＿＿＿＿＿

＿＿＿＿＿＿＿＿＿＿＿＿＿＿＿＿＿＿＿＿＿＿＿＿＿＿＿＿＿＿＿＿＿＿

【必須問題】

問題2の8　下図の公園の整備工事について，以下の設問(1)～(2)について答えなさい。**解答は，解答用紙の所定の解答欄に記述しなさい。**

（解答 P.177）

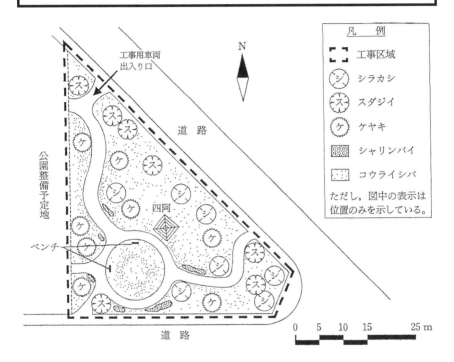

〔工事に係る条件〕

・整備中の近隣公園の一部において，以下の工事数量表に示す工事を施工するものである。

・本図以外の区域は，未整備である。

・本工事の対象区域は1,500㎡であり，3月上旬に開園を予定している。

・本公園の位置は関東地方であり，周辺は住宅地である。

・工期は，11月1日から翌年2月18日までとする。

・スダジイについては，隣接の公園整備予定地から，あらかじめ溝掘式の根回しを行ってあるものを移植する。

〔工事数量表〕

工　種	種　別	細　別	規　格			単位	数量	備　考
			H(m)	C(m)	W(m)			
植栽工	高木植栽工	シラカシ	3.5	0.18	1.0	本	7	二脚鳥居型
		ケヤキ	3.5	0.12	1.0	本	8	（添木付）
	中低木植栽工	シャリンバイ	0.5	−	0.4	本	150	
	地被類植栽工	コウライシバ	目地張り（目土あり）			m²	650	
移植工	高木移植工	高木移植	H(m)	C(m)	W(m)	本	7	ハツ掛
		（スダジイ）	7.0	0.80	3.0			
建築施設組立設置工	四阿工	四阿設置				基	1	
サービス施設整備工	ベンチ・テーブル工	ベンチ設置				基	2	
園路広場整備工	土系園路工	土舗装				m²	330	

(1) 高木植栽工について，以下の（イ），（ロ）について記述しなさい。

　（イ）植付け作業上の留意事項を3つ記述しなさい。

　　　①_____

　　　_____

　　　②_____

　　　_____

　　　③_____

　　　_____

　（ロ）支柱の取り付け方法についての留意事項を3つ記述しなさい。

　　　①_____

　　　_____

　　　②_____

　　　_____

　　　③_____

　　　_____

(2) スダジイの移植工について，以下の（イ），（ロ），（ハ）について答えなさい。

　（イ）溝掘式の根回しが移植後の樹木の生育・活着を促す仕組みを具体的に記述しなさい。

　　　_____

　　　_____

　（ロ）移植木の掘取り作業に際し，樹木の品質管理上の留意事項を3つ記述しなさい。

　　　①_____

　　　_____

② _____

③ _____

（ハ）工期との関係で考えられる問題点と，その具体的な対策を2つ記述し
なさい。

① _____

② _____

_____

> 問題2の9 　下図の公園の整備について，以下の設問(1)〜(4)について
> 答えなさい。**解答は，解答用紙の所定の解答欄に記述しなさい。**
>
> （解答 P.179）

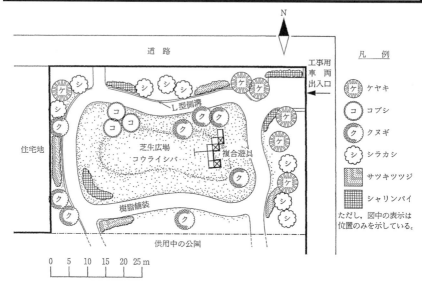

〔工事に係る条件〕

・近隣公園の一部において，以下の工事数量表に示す工事を施工するものである。

・本図以外の区域は供用開始しており，立ち入り防止柵により仕切られている。

・本公園の位置は関東地方であり，工事区域は3,000㎡である。

・移植工については，現場より3km離れた廃校予定の学校敷地内のものを移植する。

・移植するケヤキは，既に溝掘式根回しを行ってある。

・工期は10月1日から翌年3月20日までとする。

〔工事数量表〕

工　種	種　別	細　別	規　格			単位	数量
敷地造成工	整　地　工	整　地				㎡	3,000
植栽工	高木植栽工		H(m)	C(m)	W(m)	本	
		コブシ	3.5	0.21	1.5	本	3
		クヌギ	3.5	0.15	1.2	本	8
		シラカシ	3.0	0.15	0.8	本	8
	中低木植栽工	シャリンバイ	0.5	－	0.4	本	200
		サツキツツジ	0.4	－	0.5	本	150
	地被類植栽工	コウライシバ	目地張り（目土あり）			㎡	1,200
移植工	高木移植工	高木移植（ケヤキ）	H(m)	C(m)	W(m)	本	6
			7.0	0.60	4.0		
遊戯施設整備工	遊具組立設置工	複合遊具				基	1
園路広場整備工	樹脂系園路工	樹脂舗装				㎡	800
雨水排水設備工	側溝工	プレキャストL型側溝	エプロン幅＝250mm			m	100

⑴　植栽工について建設機械を用いて施工する場合，現場において事前に調査すべき事項を3つ記述しなさい。

①_____

_____

②_____

_____

③_____

_____

⑵　高木植栽工について，以下の（イ），（ロ）について答えなさい。

（イ）樹木を植穴に立て込んだ後に，水極により植込みを行う手順を記述しなさい。

_____

_____

_____

（ロ）鉢を埋め戻した後に，水鉢を作る手順を記述しなさい。

_____

_____

_____

⑶　ケヤキの移植工について，以下の（イ），（ロ）について答えなさい。

（イ）移動式クレーンを使用し，ケヤキの積込み及び積みおろし作業を行う場合，樹木に損傷を与えないようにするための措置を3つ記述しなさい。

①_____

_____

②_____

_____

③_____

_____

（ロ）植付け後の養生（支柱設置作業を除く）として，必要な作業を3つ記述しなさい。

①_____

②_____

③_____

⑷　コウライシバの張芝において，以下の（イ），（ロ）について答えなさい。

（イ）目土の役割を 1 つ記述しなさい。

_____

_____

（ロ）目土の施工手順のうちから 3 つ記述しなさい。

① _____

② _____

③ _____

※問題が変わっても，同じような問いが多いのに気付かれたでしょうか？
記述練習する場合に，ただやみくもに進めても時間と労力の無駄になってしまいます。その上，仕事をしながらの勉強は，非常にきついものがあります。問題 2 は，これからも同じような部分から出題されますので，押さえ所を確実にしておきましょう！！（最低限，今までに出題された範囲は，記述できるようにしましょう。）

問題2の1　必須問題　解答・解説

(1)

A	B	C	D
受注者	発注者	工事期間　（工期）	植物

(2)(イ)

（A）	名称：透水シート
	役割：上層土の細粒分等が下に落ちて目詰まりすることを防ぐ。
（B）	名称：防根シート
	役割：建物側への根の浸入を防ぐ。

(ロ)

　課題：軽量なため，風で飛散しやすい。

　対策：グランドカバープランツなどの植物で被うか，人工発砲石や火山砂
　　　　利などでマルチングを行う。

(ハ)

　課題：屋上は地上部に比べて風が強いため，防風対策や群植植栽が必要。

　対策：地下支柱と八掛け支柱の併用を行い，風除け支柱の設置を行う。

(ニ)

　①　通気透水性を良好にする。

　②　土壌の固結を改善する。

(3)(イ)

　利点：根腐れを防ぐ。

　留意事項：土を根鉢に密着させて毛管作用が起こるように留意する。

(ロ)

　①　樹勢

　②　樹齢

　③　根の状態

(ハ)

　根の切り口は鋭利な刃物で切り直しを行い，殺菌剤を塗布する。

(ニ)

　①　指定の本数のロープを効果的な方向と角度に取り付ける。

　②　ロープ中間部には，ターンバックル等を使用し，緩みのないように張る。

③　ロープの端末結束部はワイヤークリップなどで留める。

問題2の2　必須問題　解答・解説

(1)

A	B	C	D
土壌微生物等	黒褐	団粒	客土

(2)(イ)

　土層の条件より，有孔管を用いた暗渠排水を行う。①渠線の設定，②資材の配置，③掘削，④仮埋戻し，⑤埋戻し，⑥排水口の作業手順で行う。

　(ロ)

　　①　土壌の団結を改善する。

　　②　土壌の養分不足（保肥力不足）を改善する。

(3)(イ)

　環状剝皮により養水分は吸収するが，光合成によって作られた炭水化物は剝皮部分で根の先端への道を断たれ，剝皮部分から発根を促す。

　(ロ)

　　①　幹を保護するため，縄やムシロを巻いて養生する。

　　②　枝の部分を，荷姿を小さくするため，枝をまとめ縄で幹に引きつけ，結び止めを行い，枝しおりを行う。

　(ハ)

　　①　道路使用許可（申請書）

　　②　所轄警察署長

　　③　歩行者用の通路を確保し，さく等をすき間なく設置し，明確に区分する。また，路面の凹凸をなくす。

　(ニ)

　問　題　点：常緑広葉樹であるため，寒さに対する抵抗力がなく凍害，霜害，凍裂などを受けやすい。

　作業内容①：幹巻き，運搬の際，蒸散防止のカバーかけ，又は蒸散防止剤の使用。

　作業内容②：防風ネット，寒冷紗かけ，マルチング。

　(ホ)

　　新しい根を伸ばすために，樹体が風などで揺れないように固定することで

幼根の折損防止を図る。

(4)

    ① 目串を2〜5本／枚ずつ打込んで留める。

    ② ローラ等により締め固める。

(5)

    ① 衣類の一部などが絡まったり，身体が引っ掛かる出っ張り，突起，すき間などを設けない。

    ② 可動部と地面の間に適切なクリアランスを確保する。

    ③ つまづかないように基礎部分を埋め込むか，垂直に立ち上げず設置面にすり付ける。

    ※(5)については，上記の中から2つ記述すれば良い。

問題2の3　必須問題　解答・解説

(1)(イ)

問題点：S値が1.5 cm/drop以下であるため，固くて根系の発達が阻害される。

(ロ)

ウ，オ

(2)(イ)

根を切断しているので，水分補給と消費のバランスを取るために折損した枝葉を切除し，からみ枝，立枝，徒長枝などの樹形を乱す不要枝を取り除く。その後，枝葉密度が均一になるように樹形を整える。

(ロ)

    ① 樹木の表・裏を確かめ，周辺の景観となじむ様，見栄えよく立て込むように留意する。

    ② 表面排水がとれるよう凹凸を直して，中央部を高くし3〜5％程度の勾配を取り仕上げる。

(ハ)

    ① 日射の激しい時間は，根鉢を順化させるために，頻繁に行った後，急に中止せず徐々に回数を減らすよう留意する。

    ② 蒸発による根鉢の乾燥を防ぐために，できる限り朝夕に行い，日中は避けるよう留意する。

⑶(イ)

杉丸太：見栄えよく堅固に取付けるために所定寸法を有し，防腐処理され平
滑な直幹材の皮はぎ新材を選ぶよう留意する。

唐　竹：耐久性があり堅固に取付けるため，2年生以上で所定寸法を有し，
曲がり等のない良好な節止品を選ぶよう留意する。

（ロ）

①　支柱と樹幹（枝）の取付け部分は，すべて杉皮を巻き，しゅろ縄で綾
割縄掛けに結束する。

②　鋸目を入れて鉄線で結束する。

⑷(イ)

環状剥皮を完全に行うために，死角となりやすい深い根の下面に樹皮が残
らないように留意し，外皮・内皮まで剥がす。

（ロ）

根の傷みを防ぎ，細根の発生を促すため。

⑸

①　角石，縁石を最初に据え，これを定規として内側の石を組み合わせて
いく。

②　目地幅は1〜1.5 cm，目地深さは1 cm くらいとする。

問題2の4　必須問題　解答・解説

下図に示す公園における造園工事に関する以下の設問⑴〜⑸について答えな
さい。解答は，解答用紙の所定の解答欄に記述しなさい。

⑴　予定工法：機械移植工法。大型移植機を使用して連続的に移植する工法。
利　　点：①工期の短縮，コスト低下，作業の簡略化。活着率が高い。

⑵　仮　設　備：倒伏防止のための仮支柱。
目　　　的：根を掘り下げる際，倒伏を防ぐ。樹木の揺れによる地中の新根
の切断を防止し活着を促す。
留意事項：支柱のワイヤーは弛ませることなく緊張し幹の取付け部は樹皮
を損傷させないよう幹当てを取り付ける。

⑶(イ)　支障となる太枝，込み枝の枝おろし，枝すかしを行い枝葉の減量を図
り，根の吸水力低下に対応して水分の需給バランスを整える。

（ロ）

①　位置出し……配植図に基づき，樹木の特性，形状寸法，景観との調

和，樹木との組合せ，障害物等を考慮して決定する。

② 植え穴掘り……鉢寸法に余裕を持ち，幹の根元直径の 4 〜 6 倍を確保する。底は土を細かく砕いて中高く仕上げる。施肥をする場合は根に直接当たらないようにする。

③ 埋め戻し用土……掘り上げた埋め戻し用土は，瓦礫等を取り除いておく。

（ハ）立て込みにあたっては，根鉢の深さ，樹木の「表」「裏」を確かめ，周辺の景観となじむよう，見栄えよく立て込む。なお，厚物の根巻き材や化学繊維の紐，縄等は取り除いておく。

（ニ）良質土で半分埋め戻した後，鉢の周囲に戻し土が密着するように，水を注ぎながら泥を棒で突き，落ち着いた後，残りの土を埋め戻し，軽く締固める。

（ホ）鉢の外周に沿って，適当な幅，高さの土を盛った（又は溝）水鉢を設け，この中に灌水する。

（ヘ）二脚鳥居（添え柱付き）

⑷（イ）

②，⑤

（ロ）

① 目土厚さは，葉が半分程度隠れる厚さ（0.5〜1.0 cm）として行う。

② 目土散布機械で全面目土を行い，トンボ等を用いてムラなく均一に十分刷り込む。

③ 芝生面に不陸がある場合は，不陸整正を勘案しながら目土を施す。

④ 十分に水を掛けて乾燥を防ぐ。

⑤ 目土をかけ終わったらローラにより軽く締固める。

※以上のうちから 3 つ記述すればよい

問題 2 の 5　必須問題　解答・解説

⑴ 本工事を行うにあたり，現場条件について事前に調査すべき項目を 3 つ記述しなさい。

解答　① 気象（気温，湿度，雨（雪）量，風向，風速，日照時間など）

② 地形，地質，土壌（土性，肥沃度（ひよくど…肥える，地味が肥えている），表土など）

③ 水（地下水，表面水，排水系統など）

④ 植生（既存の植物，活力状態，植物相など）　　　等

(2) 屋上緑化の植栽基盤に関する次の記述の　A　～　H　に当てはまる，最も適当な語句を下記のア～ヌの中から選び，その記号を解答欄に記入しなさい。

「一般に，屋上の植込み地には，植込み地を支える構造物の　A　から制約を受けること，大地から隔離され　B　であること，植ますとなる構造物からの影響を受けて　C　の変動が大きいことなどの制約がある。

このような植込み地で用いる　D　土壌は，特に　E　及び　F　が良好であることが求められる。

本工事においては，現場発生土を用いることとしているが，現場の土の　E　を　G　により測定し，また，　F　を手の感触により判断したところ，　F　の改良が必要と判断されたため，土壌改良材として，　H　を用いることとした。」

解答

A	タ．許容荷重		B	ソ．毛管水の供給が無く乾燥しがち
C	イ．土壌温度	D	ケ．軽量	E	エ．透水性	F	ツ．保水性
G	チ．長谷川式簡易透水試験器		H	ヌ．真珠岩パーライト

(3) 下図は，ビジターセンター屋上に施工する屋上緑化の断面模式図である。図中の(A)～(C)の部位の名称とその設置目的を具体的に記述しなさい。

解答　(A)の名称「透水シート（層）」

　　　設置目的…排水層の上面に透水シートを設置し，その上の客土の細粒分等が下に落ちて目詰まりすることを防ぐ。

(B)　の名称「排水（パーライト）層」

　　　設置目的…植栽の根腐れや植栽地が冠水しないようにする。

(C)　の名称「防根（アルカリ遮断）シート（層）」

　　　設置目的…建築物側への根の侵入を防ぐ。

(4) 高木移植工について，工期との関係で考えられる問題点を1つ記述し，その問題点に対する対策として行う作業を2つあげ，それぞれの作業の目的を具体的に記述しなさい。

解答　問題点…クスノキは常緑広葉樹であるため，移植適期でなく寒害をうけやすい。

問題点に対する対策

作業名	幹巻き	作業の目的	凍害，霜害，凍裂などを受けやすいため保護をする。
作業名	寒冷紗かけ	作業の目的	寒風による乾燥，強制脱水を防止する。
作業名	マルチング	作業の目的	地中の水分保持や気温低下を防止する。
作業名	枝葉の剪除	作業の目的	地下部と地上部との水分，養分の面で常にバランスを保つため。

(5) 高木植栽工におけるヤマモモの植付け後に行う八ツ掛け支柱の取付けにあたって，「支柱と支柱」及び「支柱と樹幹（枝）」の結束方法を具体的に3つ記述しなさい。

解答　① 「支柱と支柱」の結束は，支柱の丸太と丸太の接合する部分は，釘打ちのうえ鉄線がけとする

② 控えとなる丸太が幹又は丸太と交差する部位の2箇所以上で結束する。

③ 「支柱と樹幹（枝）」の結束は，すべて杉皮を巻き棕梠縄（しゅろなわ）で動揺しないように割りなわ掛けに結束する。

問題2の6　必須問題　解答・解説

(1) ケヤキの植栽工について，以下の（イ），（ロ）について答えなさい。

（イ）本工事における植栽基盤について，長谷川式土壌貫入計と山中式土壌硬度計により土壌硬度を測定する場合の測定方法をそれぞれ具体的に記述しなさい。

解答　長谷川式土壌硬度計は，貫入コーンに一定の高さから落錘を落下させ，一回当たりの貫入深さを軟らか度として表示するものである。
山中式土壌硬度計は，円筒の先端の三角錘を土中に対して，ツバが密着するまで圧入すると，三角錘の抵抗を受ける筒内のスプリングに遊標があり，測定値が得られるようになっている。平均測定値8～20 mm がよいとされている。

（ロ）夏期における植栽工事後の灌水（かんすい）を行うにあたっての留意事項を具体的に2つ記述しなさい。

解答　① 日中の直射日光を避け朝夕に行う。

② 次の降雨時まで必要量を一定間隔で行う。

③ 土壌を侵食させたり，低地に停滞水ができないように時間をかけて行う。　等

(2) クスノキの移植工について，以下の（イ）～（ニ）について答えなさい。

（イ）溝掘式根回しの作業内容のうち根の処理作業に係るものを具体的に4

つ記述しなさい。

① 掘下げ時に四方に力根を残して他の根は鉢に沿って切断する。

② 残された3～4本の力根は支持根としての働きをもっている。

③ 残した支持根は，幅15 cm以上の環状剥皮を完全に行う。

④ 他の根は鋭利な刃物でもう一度切り直す。　等

（ロ）溝掘式の根回しが移植後の樹木の生育・活着を促す仕組みを具体的に記述しなさい。

解答　根の基部と先端部との養分流通を断ち，剥皮部からの発根を促す。
（切口を切り直すことにより，早く癒合し，発根が促進される。）

（ハ）移動式クレーンを使用し，クスノキの積込み作業を行う場合，樹木に損傷を与えないようにするため，樹幹や枝葉に対する品質管理上の措置を具体的に2つ記述しなさい。

解答　① 運搬に支障とならないように，広がった枝を樹幹に沿うように，「枝おり」を行う。

② 縄巻き，むしろ巻き，さらにその上に縄巻きをする。（樹幹に幹当てを行い，吊り込み時の損傷を防ぐ。）

（ニ）ワイヤー張り支柱の取付け方法を具体的に4つ記述しなさい。

解答　① ワイヤーロープを使用して控えとする場合は，樹幹の結束部に所定の幹当てを取り付ける。

② 所定の本数のロープを効果的な方向と角度に取り付け，止めぐい等に結束する。

③ ロープの末端結束部は，ワイヤクリップなどで止め，ロープ交差部も動揺しないように止めておく。

④ ロープの中間にはターンバックルを使用し，ロープは緩みのないように張ること。

問題2の7　必須問題　解答・解説

⑴ イチョウの植栽工について，以下の（イ）～（ハ）について答えなさい。

（イ）遅効性肥料（元肥）を施す場合に施工上留意すべき事項を具体的に記述しなさい。

解答　直接根に当たらないようにし，肥料の分解熱などの影響がないようにする。

（ロ）水極めにより植付けを行う場合の手順・方法について具体的に記述し

なさい。

解答　客土による埋め戻しの半分くらいのところで水を注ぎ入れ，鉢の周囲に泥状の土が密着するように突き込む。さらに土を埋め戻しながら2,3回繰返して鉢を完全に埋めていく。埋め戻してから，鉢の外周に沿って適当な幅の浅い溝を作り（水鉢）この中に灌水を行う。

　（ハ）支柱の設置が樹木の活着を助けるしくみについて具体的に記述しなさい。

解答　新しい根が伸びるためには樹体が風などでゆれないようにしておくことが必要である。支柱が不十分であると風が吹くたびに，新根が切断されるので，目的に応じた形式のものを選び，取り付けに当たってはその地域の強風の方向を考慮して堅固に立て込むことが大切である。

(2)　クスノキの移植工について，以下の（イ），（ロ）について答えなさい。

　（イ）「枝葉」　枝葉の剪除

　　　　　　効果　移植時の水分の蒸散を防止し，根とのバランスを確保する。
　　　　　　　　　地上部と地下部の水分，養分のバランスをとる。

　　　　「根」　断根部の腐敗防止

　　　　　　効果　腐敗防止剤による消毒を行うことによって，新根の発根作用を促すことができる。

　（ロ）

　　①　良質な客土を用意し，植穴を大きめに掘り，頁岩の焼成物を植穴に施し，排水性を良好にする。

　　②　穴あき管を基盤に埋設し，排水を良好にする。

(3)(イ)

　　①　土壌固結を防止するためエアレーションを行う。

　　②　夾雑物を取除き，小石　瓦礫，伐開除根を行う。

　　③　排水性を良好に保ち，土壌 pH を中性に保つ。

　（ロ）

　　①　芝地表面の小さな凹凸をなくす。

　　②　芝の匍匐茎や分けつの生長を促す。

　　③　発根を促す。

問題2の8　必須問題　解答・解説

(1)　高木植栽工について，以下の（イ），（ロ）について記述しなさい。

（イ）植付け作業上の留意事項を3つ記述しなさい。

① 植穴の大きさの目安は，幹の根元直径の4～6倍をとるようにする。

② 植穴の底はやや高めにし，土をよく砕いて柔らかくしておく。

③ 樹木の生育障害となる瓦礫などを取除いた埋め戻し用土としておく。

④ 元肥などの遅効性肥料は，直接根に当たらないようにする。

⑤ 付近の風致に応じて見栄えよく，「表」「裏」を確かめて植え込む。等

（ロ）支柱の取付け方法についての留意事項を3つ記述しなさい。

① 支柱の丸太は所定の寸法を有し，割れ，腐食のない平滑な直乾材の皮はぎの新材とし，あらかじめ防腐処理をする。

② 支柱の丸太は末口を上にして規定どおり打込む。

③ 支柱の丸太と樹幹（枝）の取付け部分は，すべて杉皮を巻き，しゅろ縄で動揺しないように割り縄がけに結束し，支柱の丸太と丸太の接合する部分は，釘打ちのうえ鉄線がけとすること。等

(2) スダジイの移植工について，以下の（イ），（ロ），（ハ）について答えなさい。

（イ）溝掘り式の根回しが移植後の生育・活着を促す仕組みを具体的に記述しなさい。

「支持根を三方か四方にとり，他の根は鉢に沿って切断し，残された支持根は幅15cm程度に環状剥皮を行い，根の基部と先端部との養分流通を断ち，剥皮部からの発根を促す。」

（ロ）移植木の掘り取り作業に際し，樹木の品質管理上の留意事項を3つ記述しなさい。

① 鉢土のつけ方は，根に密着している土の範囲を鉢とする。

② 乾燥が激しい場合，掘り取りを始める数日前までに十分灌水を行う。

③ 鉢の表面の雑草その他支障となる地被類をかきとる必要がある。（上鉢のかきとり）　等

（ハ）工期との関係で考えられる問題点と，その具体的な対策を2つ記述しなさい。

① 幹巻きは，植栽後の樹木が冬の凍害から霜割れなどを防ぐ。

② 霜害防止として，マルチングを行う。　　等

問題2の9　必須問題　解答・解説

(1)　植栽工については建設機械を用いて施工する場合，現場において事前に調査すべき事項を3つ記述しなさい。

　　配置図，工事数量表より，高木植栽工では，コブシ（3本），クヌギ（8本），シラカシ（8本）であり，中低木植栽工では，シャリンバイ（200本），サツキツツジ（150本）を，公園内に配植するかたちになっています。

　　① 植栽箇所の整地造成の進捗状況，搬入経路の確認

　　② 植穴掘りに用いるバックホウの機種選定，台数の確認

　　③ 移動式クレーンの選定

(2)(イ)　① 鉢周りに8分目程度均等に埋め戻す。

　　② 水を十分注ぎながら棒で泥を良く突きまわす。

　　③ 落ち着いたら残りの部分に用土を埋め戻す。

　　④ 十分灌水をしながら鉢を埋める。

　　⑤ 鉢の上部を軽く転圧する。

　(ロ)　① 鉢の外周にそって適当な幅の浅い溝（15cm後の水鉢）を掘る。

　　② 掘った土は溝の外側に盛り，軽く整形して溢水止めをする。

(3)(イ)　① 枝しおりを行い積込み，積下ろしにおける枝の保護を行う。

　　② 玉掛け箇所に堅固な幹当てを施す。

　　③ 根巻きの鉢崩れを予防し，積込み，積下ろしに衝撃を与えないようにする。

　(ロ)　① 剪定・整枝を行う。

　　② 幹巻きを行う。

　　③ 灌水を行う。

　　④ マルチングを施す。

(4)(イ)　切芝が移動，剥離しないようするとともに，ほふく茎を覆うことにより発根を促す。

　(ロ)　① 目土用のふるい掛け。

　　② 切芝の上面に芝の葉が半分隠れる程度に敷きならす。

　　③ 目地のくぼんだ所にかきいれ均しをする。

　　④ ローラ掛けにより締固めをする。

※問題3（工程管理），問題4（品質管理），問題5（安全管理）は，それぞれ選択問題です。このうち1問題を選択解答するわけですから，得意分野を作ってしまいましょう。これらの問題も，同じような所から出題されていますよ。

第2章　施工全般

> **問題3の1** 工程管理に関する以下の設問(1)～(4)について答えなさい。
> (解答 P.210)

(1) 下図に示す造園工事の未完成のネットワーク式工程表に関し，以下の（イ）～（ヘ）について答えなさい。

　（イ）下記の条件に従い，**下記の未完成のネットワーク式工程表を完成**させなさい。　　　　　　　　　（なお，**作業名は記号で図示**すること）

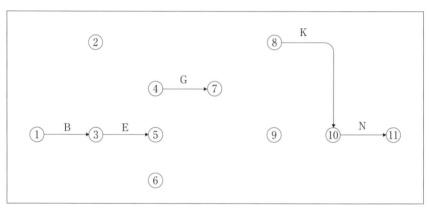

〔条件〕
　　・AとBとCは同時に着手でき，最初の作業である。
　　・DとEはBの後続作業である。
　　・FはAの後続作業である。
　　・GはDとFの後続作業である。
　　・HはEの後続作業であり，CとDとFが終わらないと着手できない。
　　・IとJとLはGの後続作業である。
　　・KはIの後続作業である。
　　・MはHとJの後続作業である。
　　・NはKとLとMの後続作業である。

（ロ）（イ）の場合において，工程の各作業の所要日数が下表のとき，以下の
1）及び2）について答えなさい。

作 業	A	B	C	D	E	F	G	H	I	J	K	L	M	N
所要日数	1	1	3	4	2	1	3	2	2	2	2	3	3	4

1）クリティカルパスの作業名を例により記述しなさい。（例：A→B→
C）

2）1）の場合の全所要日数は何日か。

1）

2）

（ハ）（ロ）の場合において，**イベント⑥の最遅結合点時刻は何日**か。

（ニ）（ロ）の場合において，作業Hを最も早く開始することができ，かつ，
クリティカルパスにおける全所要日数を延ばすことができないとき**作業
Hを延ばすことができる最大日数（トータルフロート）は何日**か。

（ホ）施工箇所の条件から所要日数を再検討したところ，作業Aが5日，作
業Eが3日，作業Kが2日，それぞれ多くかかることが判明した。この
場合の**クリティカルパスの全所要日数は何日**か。

（ヘ）（ホ）の場合の全所要日数を，（ロ）の場合の**全所要日数とするために
は，どの作業を何日短縮する必要**があるか。各作業における**短縮日数の
合計が最も少なくなる答えを記述**しなさい。
ただし，作業A，作業E，作業K，作業Nは短縮できない。
また，各作業とも作業日数が0日となる短縮はできない。

(2) 工程管理に関し，以下の（イ）及び（ロ）について答えなさい。

（イ）ある工事においてネットワーク手法に基づいて作業員の配置を最早時
刻で計算した場合の「山積み表」を作成した後に，いわゆる「山崩し」
を行い，作業員の配員計画を作成した。**配員計画の作成において，「山崩
し」を行う目的を記述**しなさい。

（ロ）ネットワーク式工程表を横線式工程表のバーチャートと比較した場合，ネットワーク式工程表の**利点について2つ，欠点について1つ，具体的に記述**しなさい。

利点①：

利点②：

欠点：

(3) 工事の進度管理において，作業時間効率の低下をきたす時間損失の要因のうち，**施工者自らの管理不良によると考えられるものを3つ記述**しなさい。

（ただし，建設機械の調整・給油などの作業上どうしても必要なものや，作業員の病気・体調不良，不注意による事故は除く。）

①

②

③

(4) 次の〔条件〕，〔各月の工事可能日数〕に基づき，下表に示す作業リストからなる造園工事を実施することとなった。実施工程（A）～（C）のうち，**高木植栽（クスノキ）を行うのに最も適している計画順序であるものを記号で記入するとともに，その理由を記述**しなさい。

作 業 名	所要日数（日）
準 備 工	4
高木植栽（クスノキ）	6
花壇植栽（ダリア）	3
花 壇 施 設 整 備	10
水 景 施 設 整 備	20
四 阿 組 立 設 置	15
跡 片 付 け	4
計	62

〔条件〕

・施 工 場 所：東京

・工　　　期：12月7日から翌年の3月18日まで

・樹木の納入：いつでも納入できる。

・各作業について，重複した実施工程は計画できないものとする。

〔各月の工事可能日数〕

12月：12日

1月：18日

2月：18日

3月：14日

計：62日

《実施工程の計画順序》

（A）準備工 → **高木植栽（クスノキ）** → 水景施設整備 → 花壇施設整備
　　　　　　→ 四阿組立設置 → 花壇植栽（ダリア） → 跡片付け

（B）準備工 → 水景施設整備 → 花壇施設整備 → **高木植栽（クスノキ）**
　　　　　　→ 四阿組立設置 → 花壇植栽（ダリア） → 跡片付け

（C）準備工 → 水景施設整備 → 花壇施設整備 → 四阿組立設置
　　　　　　→ 花壇植栽（ダリア） → **高木植栽（クスノキ）** → 跡片付け

記号：_____

理由：_____

_____

_____

_____

【選択問題】

> **問題3の2** 工程管理に関する以下の設問(1)〜(4)について答えなさい。
>
>   解答は，解答用紙の所定の解答欄に記述しなさい。（解答 P.212）

(1) 下図に示す造園工事の未完成のネットワーク式工程表に関し，以下の（イ）〜（ヘ）について答えなさい。

（イ）下記の条件に従い，**下記の未完成のネットワーク式工程表を完成させ**なさい。（なお，**作業名は記号で図示**すること）

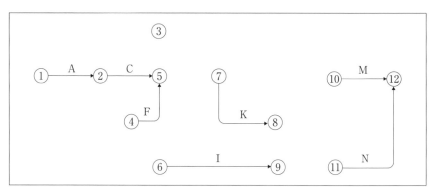

〔条件〕

・B，D，EはAの後続作業である。

・FとGはDの後続作業である。

・IはEとGの後続作業である。

・HはCとFの後続作業であり，Bが終わらないと着手できない。

・JとKはHの後続作業である。

・LはIの後続作業であり，Kが終わらないと着手できない。

・MはJの後続作業である。

・NはLの後続作業であり，Jが終わらないと着手できない。

（ロ）（イ）の場合において，工程の各作業の所要日数が下表のとき，**クリティカルパスの作業名を例により記述**しなさい。（例：A→B→C）

作　　　業	A	B	C	D	E	F	G	H	I	J	K	L	M	N
所要日数	2	2	3	4	3	1	1	2	2	3	1	1	3	4

（ハ）（ロ）の場合において，**イベント⑧の最遅結合点時刻は何日か。**

（ニ）（ロ）の場合において，作業Ｉを最も早く開始することができ，かつ，クリティカルパスにおける全所要日数を延ばすことができないとき，**作業Ｉを延ばすことができる最大日数（トータルフロート）は何日か。**

（ホ）施工箇所の条件から所要日数を再検討したところ，作業Ｂが３日，作業Ｌが２日，作業Ｎが１日，それぞれ多くかかることが判明した。この場合のクリティカルパスにおける**全所要日数は何日か。**

（ヘ）（ホ）の場合の全所要日数を，（ロ）の場合の**全所要日数で進めるためには，どの作業を何日短縮する必要があるか。**各作業における**短縮日数の合計が最も少なくなる答えを記述しなさい。**
　　　ただし，作業Ｂ，作業Ｌ，作業Ｎは短縮できない。
　　　また，各作業とも作業日数が０日となる短縮はできない。

(2)　下図は，一般的な工期・建設費曲線を示したものである。　A　〜　E　に当てはまる**語句を記述しなさい。**

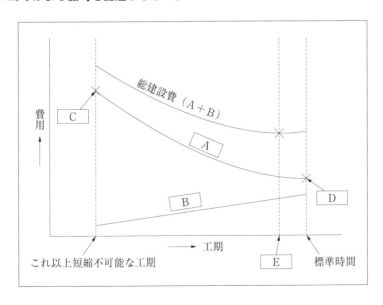

A	B	C	D	E

(3) 工事の作業量管理において，**作業員の稼働率を低下させると考えられる一**般的な要因を 3 つ記述しなさい。

（ただし，設計変更や発注者の指示による待機は除く。）

① _____

② _____

③ _____

(4) いわゆる突貫工事を行うと，単位当たりの原価を著しく上昇させることになる。この**要因として考えられるもの**を 3 つ記述しなさい。

① _____

_____

② _____

_____

③ _____

_____

【選択問題】

> 問題3の3　工程管理に関する以下の設問(1)～(4)について答えなさい。
>
> 　解答は，解答用紙の所定の解答欄に記述しなさい。（解答 P. 214）

(1)　下図に示す造園工事の未完成のネットワーク式工程表に関し，以下の（イ）～（ト）について答えなさい。

　（イ）下記の条件に従い，**下記の未完成のネットワーク式工程表を完成させなさい。**（**作業名は記号で図示**）

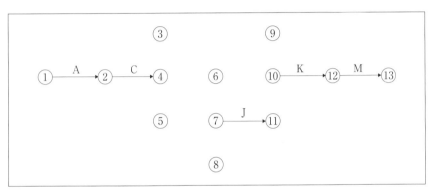

〔条件〕

・B，DはAの後続作業である。

・EはBの後続作業である。

・FはCの後続作業である。

・G，HはDの後続作業である。

・IはFの後続作業である。

・JはGの後続作業であり，Hが終了しないと着手できない。

・KはIの後続作業であり，E，Jが終了しないと着手できない。

・LはJの後続作業である。

・MはK，Lの後続作業である。

　（ロ）（イ）の場合において，工程の各作業の所要日数が下表のとき，**クリティカルパスの作業名を例により記述しなさい。**（**例：A→B→C**）

作　　業	A	B	C	D	E	F	G	H	I	J	K	L	M
所要日数	6	4	1	8	5	3	3	4	3	1	5	2	4

（ハ）（ロ）の場合において，**イベント⑩の最早結合点時刻は何日か。**

（ニ）（ロ）の場合において，作業Fを最も早く開始することができ，かつ，クリティカルパスにおける全所要日数を延ばすことができないとき，**作業Fを延ばすことのできる最大日数（トータルフロート）は何日か。**

（ホ）施工箇所の条件から所要日数を再検討したところ，作業Bが3日，作業Gが2日，作業Lが4日，それぞれ多くかかることが判明した。この場合の**クリティカルパスにおける全所要日数は何日か。**

（ヘ）（ホ）の場合において，作業A，作業E，作業F，作業I，作業Kのうち，当初の（ロ）の場合の作業計画から**フリーフロートが増加している作業名を，全て記述しなさい。**

（ト）（ホ）の場合の全所要日数を，（ロ）の場合の**全所要日数で進めるためには，どの作業を何日短縮する必要があるか。各作業における短縮日数の合計が最も少なくなる答えを記述しなさい。**

　　ただし，作業A，作業B，作業G，作業H，作業K，作業L，作業Mは短縮できない。

　　また，各作業とも作業日数が0日となる短縮はできない。

(2)　建設工事の受注者が工程計画を立案する際，工事現場における作業可能日数の算定は重要である。この算定に当たり，**工期のうち暦日による日数から差し引くべき日数の内容を2つ記述しなさい。**（ただし，工事着手前の準備や跡片付け，資機材や製品等の調達に関する内容は除く。）

　①
　②

(3)　工程管理に関し，以下の（イ）〜（ハ）について答えなさい。

　　（イ）工程図表に関する次の記述の　A　〜　C　に当てはまる適当な語句を記述しなさい。

・横線式工程表の種類には、　A　及びガントチャートがある。　A　の縦軸には工事を構成する部分作業（部分工事）が記入され、横軸には利用できる日数や工期をタイムスケールで刻んである。一方、ガントチャートでは、横軸は部分作業（部分工事）の　B　を表すもので、百分率（％）で表示されている。

・曲線式工程表は、縦軸に　C　や施工量の累計を記入し、横軸には工期の時間的経過（日数、週数、月数など）が刻んである。一般に、工期の初期や終期は中期より）1日当たりの　C　が小さいので、　C　の累計を表す線形は変曲点をもつS型の曲線となる。

A	B	C

（ロ）工事期間を短縮するためにいわゆる突貫工事を行う場合、**施工管理上の弊害について記述**しなさい。（ただし、安全管理に関することは除く。）

_____

_____

（ハ）工事の進度管理において、作業時間率の低下をきたす時間損失の要因のうち、**管理不良によると考えられるものを3つ記述**しなさい。（ただし、災害や事故などの要因は除く。）

① _____

② _____

③ _____

【選択問題】

> **問題3の4** 工程管理に関する以下の設問(1), (2)について答えなさい。
>
> 解答は，解答用紙の所定の解答欄に記述しなさい。（解答 P. 216）

(1) 下図は，ある造園工事の未完成のネットワーク図である。

（イ）下記の条件に従い，**下記の未完成のネットワーク図を完成させなさい。**（作業名は記号で図示）

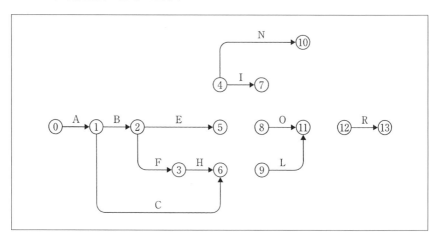

〔条件〕

- DはBの後続作業である。
- GはFの後続作業である。
- IとNはDの後続作業である。
- JはEとGの後続作業であり，Dが終了しないと着手出来ない。
- KはHとCの後続作業である。
- LはKの後続作業であり，Jが終了しないと着手出来ない。
- MはIの後続作業である。
- OはJの後続作業である。
- PはLとMとOの後続作業である。
- QはNの後続作業である。
- RはPとQの後続作業である。

（ロ）（イ）の場合において，工程の各作業の所要日数が下記のとき，以下の1），2）について答えなさい。

作業	A	B	C	D	E	F	G	H	I	J	K	L	M	N	O	P	Q	R
所要日数	1	2	5	3	6	3	4	3	5	4	2	5	3	5	2	1	3	1

1）クリティカルパスの作業名を記述しなさい。（A→B→Cの要領による）

_____

2）1）の全所要日数は何日か。

_____ 日

（ハ）（ロ）の場合において，イベント⑪の最早結合点時刻は何日か。 _____ 日

（ニ）（ロ）の場合において，イベント⑥の最遅結合点時刻は何日か。 _____ 日

（ホ）（イ），（ロ）の場合において，各作業の1日当たり作業員数が下記のとき，1日当たりの最大作業員数は何人か答えなさい。 _____ 人

作業	A	B	C	D	E	F	G	H	I	J	K	L	M	N	O	P	Q	R
作業員数	2	2	3	2	2	3	2	2	2	4	2	2	2	2	3	1	3	1

（山積図の下書き用）

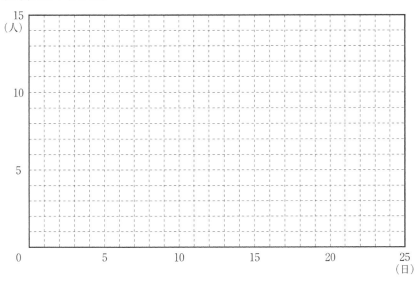

（ヘ）（ロ）の予定で作業を進めていたところ，天候不順により作業Eが3日間遅れてしまった。この場合のクリティカルパスを記述しなさい。（A→

B→Cの要領による。）

（ト）（ヘ）の場合の**全所要日数は何日か。** ＿＿＿＿＿＿＿日

（チ）（ヘ）の場合において，作業Dを最も早く開始することができ，かつ，
　　（ト）の全所要日数を延ばすことができないとき，**作業Dが延ばすこと
　　のできる最大日数（トータルフロート）は何日か。** ＿＿＿＿＿＿＿日

（リ）（ヘ）の場合において，**全所要日数を（ロ）の予定の通り進めるために
　　は，どの作業を何日短縮する必要があるか。考えられる答えをすべて記
　　述しなさい。**ただし，作業P，Rは短縮できない。

---

(2)　右図は一定の施工速度のもとにおける
　　施工出来高 x（施工量）と工事総原価 y
　　との関係を示した利益図である。**工事総
　　原価 y をできる限り小さくし利益を大き
　　くするためには，固定原価 F を最小限
　　にするとともに，変動比率 v を極力小
　　さくすることが必要となるが，そのため
　　の留意事項を具体的に3つ記述しなさ
　　い。**

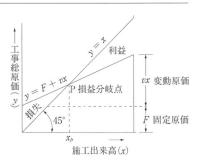

①＿＿＿＿＿＿＿＿＿＿＿＿＿＿＿＿＿＿＿＿＿＿＿＿＿＿＿＿＿

②＿＿＿＿＿＿＿＿＿＿＿＿＿＿＿＿＿＿＿＿＿＿＿＿＿＿＿＿＿

③＿＿＿＿＿＿＿＿＿＿＿＿＿＿＿＿＿＿＿＿＿＿＿＿＿＿＿＿＿

【選択問題】

> **問題 3 の 5** 工程管理に関する以下の設問(1), (2)について答えなさ
> い。解答は，解答用紙の所定の解答欄に記述しなさい。(解答P. 219)

⑴ 下図は，ある造園工事の未完成のネットワーク図である。

　(イ) 下記の条件に従い，下記の未完成のネットワーク図を完成しなさい。

　　（作業名は記号で図示）

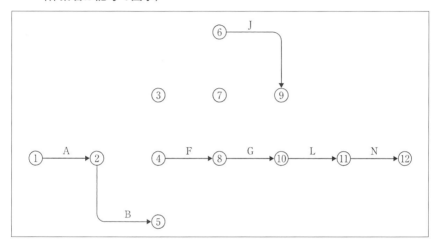

〔条件〕

　　・C，EはAの後続作業である。

　　・H，IはEの後続作業である。

　　・FはCの後続作業であり，Bが終了しないと着手できない。

　　・DはBの後続作業である。

　　・JはHの後続作業である。

　　・KはIの後続作業であり，Hが終了しないと着手できない。

　　・MはJ，Kの後続作業であり，Gが終了しないと着手できない。

　　・LはD，Gの後続作業である。

　　・NはL，Mの後続作業である。

　(ロ) (イ)の場合で工程の各作業の所要日数が下記のとき，以下の1），2）
　　について答えなさい。

作　業	A	B	C	D	E	F	G	H	I	J	K	L	M	N
所要日数	3	4	2	4	3	3	4	4	2	2	2	3	4	3

1）クリティカルパスの作業名を記述しなさい。（A→B→Cの要領による）

2）1）の全所要日数は何日か。

（ハ）作業Jを最も早く開始することができ，かつ，（ロ）の全所要日数を延ばすことができないとき，作業Jが延ばすことのできる最大日数（トータルフロート）は何日か。

（ニ）（イ），（ロ）の場合で，各作業の1日当たり作業員数が下記のとき，以下の1），2）について答えなさい。

作　　業	A	B	C	D	E	F	G	H	I	J	K	L	M	N
1日当たり作業員数	4	3	3	2	2	4	3	2	2	3	2	2	3	4

1）工期が最短でかつピーク時の作業員数が最小となる山積図を解答用紙に作成しなさい。ただし，各作業は分割して行えないものとする。

（山積図の作成例）

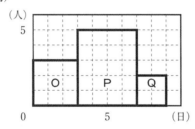

（山積図）

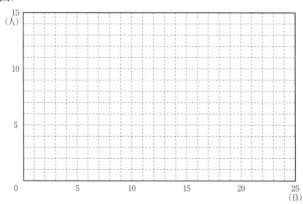

2) 1）の場合の1日当たり最大作業員数は何人か。

_____人

（ホ）工事材料の搬入の関係から所要日数について再検討したところ，作業
D及び作業Kがそれぞれ1日多くかかること，また，作業Gは2日短縮
できることが判明した。この場合のクリティカルパスの作業名を記述し
なさい。（A→B→Cの要領による）

_____

（ヘ）（ホ）の場合の全所要日数は何日か。

_____日

(2)　いわゆる突貫工事において，単位当たりの原価を著しく上昇させる要因と
して考えられるものを3つ記述しなさい。

①_____

②_____

③_____

※結構答える部分が多いですね。ただし，選択問題は1問のみを答えればいい
わけですから，時間は十分ありますよ。ネットワーク工程表の得意な受験生
は，確実に得点できる問題です。ただし，山積図により最大作業員数を求め
る問題も出題されますから，何回も練習して下さい。要領がわかれば簡単で
すよ！！！

【選択問題】

> **問題3の6** 工程管理に関する以下の設問(1), (2)について答えなさい。
>
>   解答は解答用紙の所定の解答欄に記述しなさい。 （解答 P. 222）

(1) 下表に示す工種からなる造園工事に関する以下の設問について答えなさい。

工　種	作　業　名	記　号	所要日数
（準備工）	（準備工）	A	4 日
植栽工	高木植栽工	B	5 日
	中低木植栽工	C	4 日
	地被類植栽工	D	3 日
修景施設整備工	花壇工	E	7 日
建築施設組立整備工	四阿工	F	10 日
サービス施設整備工	ベンチ・テーブル工	G	3 日
	時計台工	H	5 日
	サイン施設工	I	3 日
園路広場整備工	デッキ工	J	9 日
	石材系園路工	K	8 日
（跡片付け）	（跡片付け）	L	4 日

（イ）下図は，この造園工事の未完成のネットワーク図である。

　　下記の条件に従い，**下記の未完成のネットワーク図を完成しなさい。**

（作業名は記号で図示）

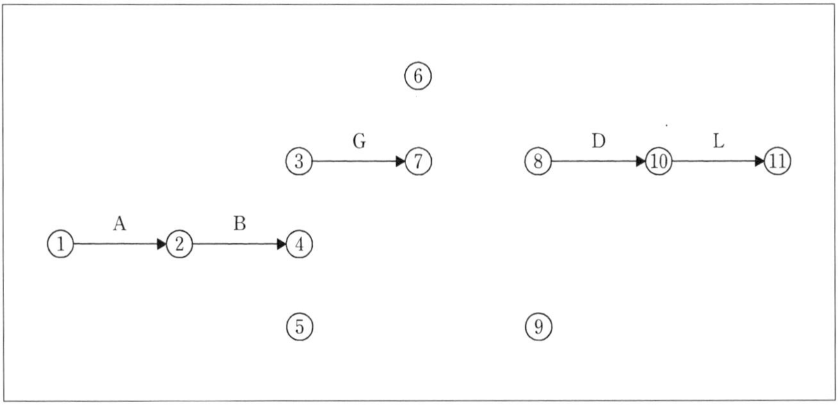

〔条件〕

　　・高木植栽工，花壇工，四阿工は，準備工の後続作業である。

　　・時計台工，ベンチ・テーブル工は花壇工の後続作業である。

　　・石材系園路工はベンチ・テーブル工と中低木植栽工の後続作業であり，
　　　時計台が終了しないと着手できない。

　　・中低木植栽工は高木植栽工の後続作業である。

　　・デッキ工は四阿工の後続作業である。

　　・地被類植栽工は石材系園路工の後続作業であり，デッキ工が終了しない
　　　と着手できない。

　　・サイン施設工はデッキ工の後続作業である。

　　・跡片付けは，地被類植栽工とサイン施設工の後続作業である。

（ロ）（イ）の場合の**クリティカルパス**の作業名を記述しなさい。

（A→B→Cの要領による）

（ハ）（ロ）の**全所要日数**は何日か。

　　　　　　　　　　　　　　　　日

（ニ）（イ），（ロ）をもとに，**各作業の一日当たりの作業員数が下記のとき，
　　　工期が最短でかつピーク時の作業員が最小となる場合の，一日当たり最
　　　大作業員数は何人か。**

A：準備工－3人	B：高木植栽工－4人	C：中低木植栽工－3人
D：地被類植栽工－3人	E：花壇工－4人	F：四阿工－5人
G：ベンチ・テーブル工－3人	H：時計台工－3人	I：サイン施設工－4人
J：デッキ工－5人	K：石材系園路工－4人	L：跡片付け－2人

問 題3　199

（ニ）の算出用

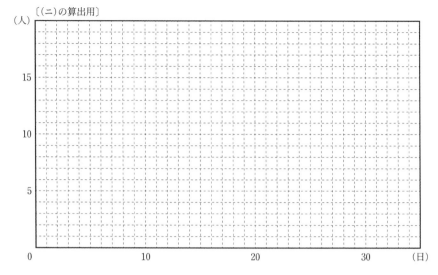

〔(ニ)の算出用〕

（ホ）（イ），（ロ）の所要日数について，**時計台工を2日短縮し3日間に，サイン施設工を1日短縮し2日間で行う**ことができるようになった。この場合，次の1），2）について答えなさい。

　　1）**クリティカルパスの作業名を記述**しなさい。（A→B→Cの要領による）

　　─────────────────────────────

　　2）1）の場合の**全所要日数は何日**か。

　　──────────────── 日

（ヘ）（ホ）の場合において，**イベント⑧の最早結合点時刻は何日**か。

　　──────────────── 日

（ト）（ホ）の場合において，**イベント③の最遅結合点時刻は何日**か。

　　──────────────── 日

⑵　ネットワーク式工程表が横線式工程表よりも優れている点を具体的に3つ記述しなさい。

　　① ─────────────────────────────

　　② ─────────────────────────────

　　③ ─────────────────────────────

【選択問題】

> **問題3の7** 工程管理に関する以下の設問(1), (2)について答えなさい。
>
>   解答は，解答用紙の所定の解答欄に記述しなさい。（解答 P. 224）

⑴ 下図は，ある造園工事の未完成のネットワーク図である。

　（イ）下記の条件に従い，**下記のネットワーク図を完成しなさい。**

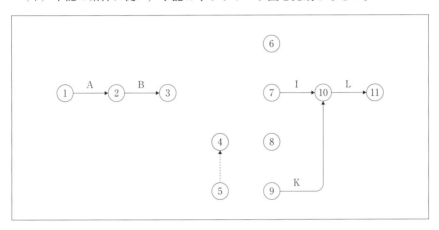

〔条件〕

　　ⅰ) C，DはAの後続作業である。

　　ⅱ) E，FはBの後続作業である。

　　ⅲ) GはFの後続作業であり，Cが終了しないと着手できない。

　　ⅳ) HはCの後続作業である。

　　ⅴ) IはEの後続作業であり，D，Gが終了しないと着手できない。

　　ⅵ) JはDの後続作業である。

　　ⅶ) KはHの後続作業である。

　　ⅷ) LはI，J，Kの後続作業である。

　（ロ）（イ）の場合で，工程の各作業の所要日数が下記のとき，以下の
　　　　1)，2)について答えなさい。

作　　　業	A	B	C	D	E	F	G	H	I	J	K	L
所要日数	3	2	5	5	4	2	4	2	3	3	4	2

1）クリティカルパスの作業名を記述しなさい。
（A→B→Cの要領による）

_____

2）その場合の**全作業日数は何日**か。

_____日

（ハ）（イ），（ロ）の場合で，各作業の一日当たりの作業員数が下記のとき，
以下の1），2）について答えなさい。

作　　業	A	B	C	D	E	F	G	H	I	J	K	L
一日当たり作業員数	4	3	2	4	4	3	5	1	4	2	3	3

1）工期が最短で，かつピーク時の作業員が最小となる山積図を解答用紙
に作成しなさい。

（山積図の作成図）

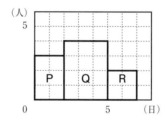

（山積図）

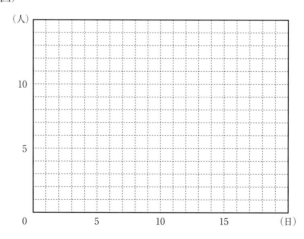

 2） 1）の場合の一日当たり最大作業員数は何人か。

_____人

（ニ） 使用する二次製品の変更により，（ロ）の表のうち作業Cの所要日数
   が3日になることが判明した。この場合のクリティカルパスを記述しな
   さい。（A→B→Cの要領による）

_____

（ホ）（ニ）の場合，当初作業計画で存在した余裕時間が変更後に0になった
   作業を，記号ですべて記述しなさい。

_____

⑵ 工事の作業量管理において，一般に作業員や建設機械の稼動率低下の要因
  として考えられるものを2つ記述しなさい。

 ① _____

   _____

 ② _____

   _____

> **問題3の8** 工程管理に関する以下の設問(1)〜(7)について答えなさい。
>
> 解答は，解答用紙の所定の解答欄に記述しなさい。（解答 P.225）

(1) 下図は，ある造園工事の未完成のネットワーク図である。
  下記の条件に従い，**下記のネットワーク図を完成しなさい。**

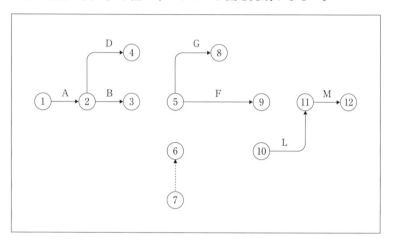

〔条件〕
  ・CはBの後続作業である。
  ・EはDの後続作業である。
  ・FはC，Eの後続作業である。
  ・HはFの後続作業であり，G，Kが終了しないと着手できない。
  ・I，JはAの後続作業であり，同時に着手できる。
  ・KはIの後続作業であり，Jが終了しないと着手できない。
  ・LはKの後続作業である。
  ・MはHの後続作業である。

(2) 下表は(1)の造園工事の作業リストである。
  表中の（Ⅰ）〜（Ⅴ）に当てはまる最も適当な作業を下記イ〜ホの中から選び，その記号を解答欄に記入しなさい。

記号	作　業	所要日数（日）
A	準備工	3
B	（　Ⅰ　）	1
C	（　Ⅱ　）	2
D	高木掘取り	2
E	（　Ⅲ　）	2
F	（　Ⅳ　）	3
G	芝搬入	1
H	（　Ⅴ　）	7
I	砂場工	5
J	ブランコ設置工	3
K	園路縁石工	4
L	平板舗装工	5
M	跡片付け	2

〔作業〕

イ：高木植付け　　ロ：芝張　　ハ：高木運搬
ニ：高木植穴掘り　ホ：高木位置出し

(3) (1)，(2)の場合の**クリティカルパス**の作業名を記述しなさい。

（A→B→Cの要領による）

_____

(4) (3)において**全所要日数**は何日か。

_____ 日

(5) (1)，(2)をもとに，**イベント⑨の最早結合点時刻**は何日か。

_____ 日

(6) (1)，(2)をもとに，**イベント⑤の最遅結合点時刻**は何日か。

_____ 日

(7) (1)，(2)において，**砂場工及び平板舗装工をそれぞれ1日短縮**することが出来たが，**高木植付け作業に2日の遅れ**を生じた。

この場合，次の（イ），（ロ）について答えなさい。

（イ）**クリティカルパス**の作業名を記述しなさい。

（A→B→Cの要領による）

_____

（ロ）**全所要日数**は何日か。

_____ 日

【選択問題】

> **問題 3 の 9**　工程管理に関する以下の設問 1 ～ 2 について答えなさい。
>
> 　　　解答は，**解答用紙の所定の解答欄に記述しなさい。**（解答 P. 227）

1．下図は，ある工事の未完成のネットワーク図である。

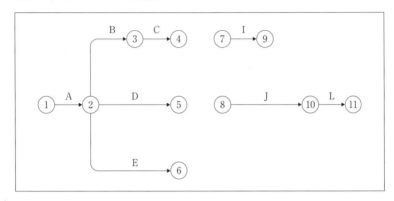

(1)　下記の条件に従い，**上記のネットワーク図を完成しなさい。**

〔条件〕

　　1）Fは Cの後続作業であり，Dが終了しないと着手できない。

　　2）Gは Dの後続作業である。

　　3）Hは Eの後続作業であり，Dが終了しないと着手できない。

　　4）Iは Fの後続作業である。

　　5）Jは Gの後続作業である。

　　6）Kは Iの後続作業である。

　　7）Lは HとJとKの後続作業である。

(2)　(1)の場合で，工程の各作業が下記の日数のとき，（イ），（ロ）について答えなさい。

> 作業 A－2日，作業 B－2日，作業 C－4日，作業 D－7日，作業 E－3日
> 作業 F－3日，作業 G－5日，作業 H－6日，作業 I－4日，作業 J－2日
> 作業 K－3日，作業 L－2日

　　（イ）**クリティカルパスの作業名を記述しなさい。**（A→B→Cの要領による）

（ロ）その場合の，**全所要日数は何日**か。

　　　　　　　　　　　　日

⑶　⑴，⑵をもとに，各作業の１日当たり作業員数が下記の場合，（イ），（ロ）について答えなさい。

> 作業 A − 3 人，作業 B − 3 人，作業 C − 2 人，作業 D − 4 人，作業 E − 4 人
> 作業 F − 7 人，作業 G − 4 人，作業 H − 3 人，作業 I − 3 人，作業 J − 4 人
> 作業 K − 2 人，作業 L − 3 人

（イ）**工期が最短で，かつピーク時の作業員が最小となる山積図を解答用紙に作成**しなさい。

（山積図の作成例）

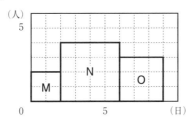

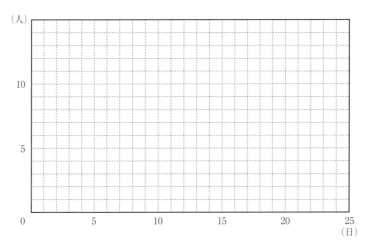

（ロ）（イ）の場合の**１日当たりの最大作業員数は何人**か。

　　　　　　　　　　　　人

⑷　⑴，⑵，⑶の場合において，**作業 D が終了した段階で以下のことが判明**した。

1）作業Gの作業日数が5日間延びて10日間必要であること。

2）作業Kは，作業Gが終了しないと着手できないこと。

この場合，次の（イ），（ロ），（ハ）について答えなさい。

（イ）クリティカルパスの作業名を記述しなさい。（A→B→Cの要領による）

_____

（ロ）全所要日数は何日か。

_____ 日

（ハ）ピーク時の作業員が最小となる1日当たり最大作業員数は何人か。

_____ 人

2．工事の進度管理において，作業員の稼動率低下の要因として考えられるものを3つ記述しなさい。

① _____

② _____

③ _____

　　以上，過年度に出題された工程管理を見てきましたが，非常に良く似た出題方法ですね。パターンとして覚えてしまうと，意外な所で落とし穴がありますよ。参考に1級管工事施工管理技士の実地試験における，工程管理の問題を記載します。

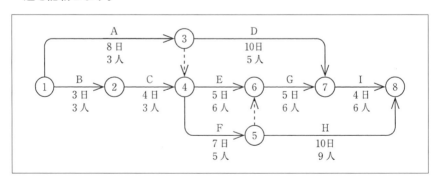

〔設問1〕 クリティカルパスを作業名で示しなさい。

〔設問2〕 作業Bが4日遅れて完了した時点で，従来工期で完了させるものとしてフォローアップを行うことになった。短縮すべきルートを特定する方法を簡潔に説明しなさい。

〔設問3〕 短縮すべきルートと日数をすべて示しなさい。

〔設問4〕 短縮すべき作業名とそのデュレイション（日）及び作業員数（人）を示しなさい。ただし，短縮する作業の数は最小となるようにし，デュレイション（日）及び作業員数（人）が整数となるよう最も経済的に行うものとする。また，短縮できる範囲は30％以内とする。

〔設問5〕 クリティカルパス以外で，短縮すべきパスの名称を示しなさい。

※〔設問4〕は管工事施工管理技士実地試験特有の問題ですが，なかなか難しいものですね。 |解答| 作業名C3日，作業員数4人，作業名F5日作業員数7人又は作業名F5日，作業員数7人，作業名H9日，作業員数10人の二通りとなります。〔設問5〕 |解答| リミットパス

※〔設問1〕 |解答| A→F→H 〔設問2〕 |解答| 新しいネットワークを作成し，もう一度，クリティカルパスを確認する。

※〔設問3〕 |解答| ②→④→⑤→⑧ 3日間 ②→④→⑤--⑥→⑦→⑧2日間

あくまでも参考ですので，心配はいらないと思いますが正解しましたか？

(1)(イ)

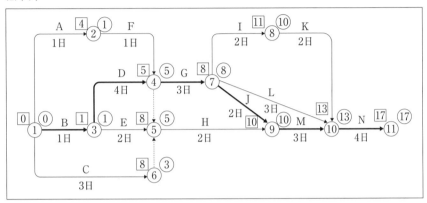

(ロ)

　1）B→D→G→J→M→N

　2）17日

(ハ)

　8日

(ニ)

　3日　参考：（⑩ − （⑤ + 2日）＝ 3日）

(ホ)

　20日（参考）（A→F→G→I→K→N がクリティカルパスで20日になる。）

(ヘ)

　G作業で2日，I作業で1日（元の17日にするためにクリティカルパスで3日短縮する。）

(2)(イ)

　山積み表の使用人員数の多少による凹凸を崩して平均化し，バランスのよい配員計画とするため。

(ロ)

利点①：各作業に対する先行作業，並行作業及び後続作業の相互関係がわかりやすい。

利点②：余裕の有無，遅れなど日数計算が容易である。

利点③：変更などにも対処しやすい。

欠　点：工程表の作成及び日数計算にはそれに対するある程度の知識が必要である。

(3)
  ① 作業の段取り待ち
  ② 手直しによる手戻り
  ③ 競合作業による錯綜混雑

(4)
  記号：A
  理由：シンボルツリーとして高木植栽（クスノキ）の位置を決定し，水景施
  設整備は，配管などの埋戻しがあるため行い，その後，花壇整備，四
  阿組立設置を行い，花壇植栽（ダリア）をする。
  先にすると，踏み荒らす恐れがある。

  ※(2)（ロ）利点については上記の中から2つ記述すれば良い。

（参考資料）

(1)(イ) ～ (ニ)

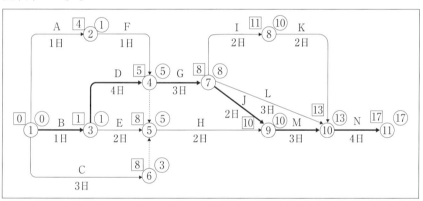

（ホ）～（ヘ）

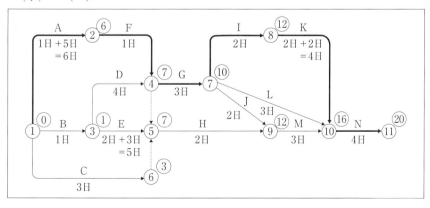

(1)(イ)

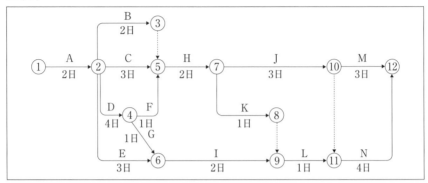

(ロ)

A→D→F→H→J→N

(ハ)

11日

(ニ)

2日　参考：(⑪－(⑦＋2日))＝2日

(ホ)

18日

(ヘ)

A作業で1日，H作業で1日

リミットパス

①→②→③‥‥‥→⑤→⑦→⑧‥‥‥→⑨→⑪→⑫

クリティカルパス

①→②→④→⑤→⑦→⑧‥‥‥→⑨→⑪→⑫

共通部分で短縮する。したがって，

A1日

H1日

となる。

(2)

A	B	C	D	E
直接費	間接費	クラッシュコスト	ノーマルコスト	最適工期

(3)

   ① 作業の段取り待ち

   ② 手直しによる手戻り

   ③ 競合作業による錯綜作業

(4)

   ① 施工量に比例的でない賃金方式を採用すること。

   ② 消耗材料など使用量が施工量に比例的でなく急増する。

   ③ 材料の手配が施工量の急増に間に合わず，労務の手待ちを生じあるいは
高価な材料を購入すること。

(参考資料)

(1)(ロ) ～ (二)

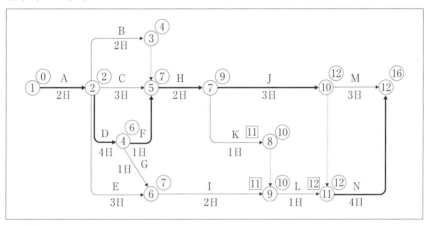

(ホ)

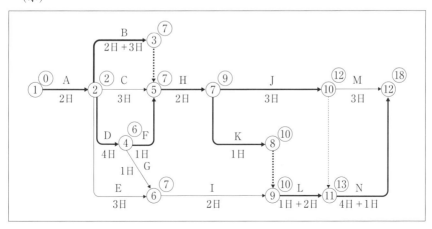

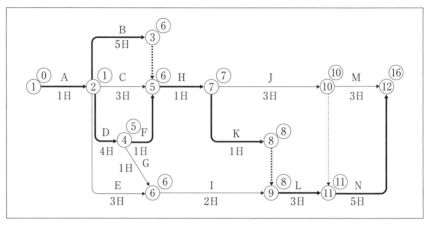

問題3の3　選択問題　解答・解説

（1）（イ）

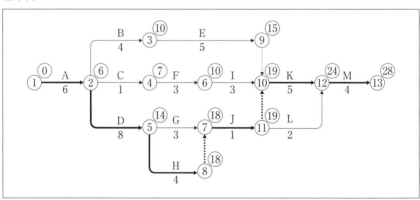

（ロ）

A→D→H→J→K→M

（ハ）

19日

（ニ）

6日　参考：（⑯ − （⑦ + 3 ） ＝ 6 日）

（ホ）

30日

（ヘ）

　　作業 I は 1 日増，作業 K は 1 日増

（ト）

　　作業 D を 2 日間短縮

⑵

　① 日曜，祝日などの定休日

　② 雨天など，自然条件による作業不能日

⑶（イ）

A	B	C
バーチャート	達成度	出来高（％）

（ロ）

　　単位施工量当たりの単価が著しく上昇する。

（ハ）

　① 作業の段取り待ち

　② 手直しによる手戻り

　③ 競合作業による錯綜混雑

（参考資料）

⑴（イ）（ロ）（ハ）（ニ）

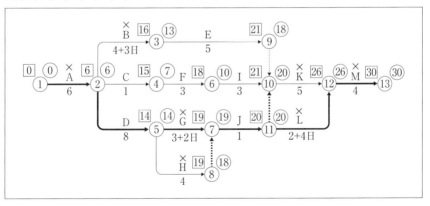

（ホ）

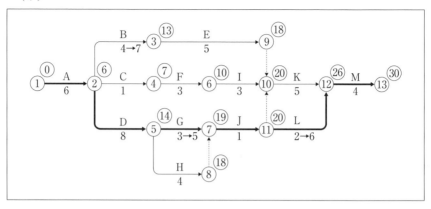

問題 3 の 4　選択問題　解答・解説

⑴（イ）下図参照

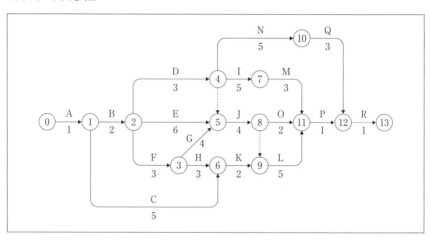

（ロ）クリティカルパス：A ──→ B ──→ F ──→ G ──→ J ┄┄┄→ L ──→ P ──→ R

全所要日数：21日

（ハ）イベント⑪の最早結合点時刻：19日

（ニ）イベント⑥の最遅結合点時刻：12日

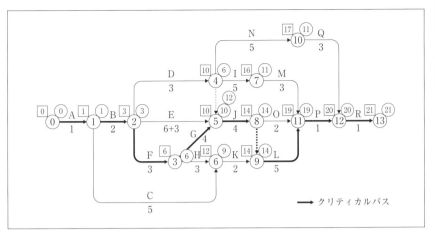

（ホ）最大作業員数：8人

（山積図の下書き用）

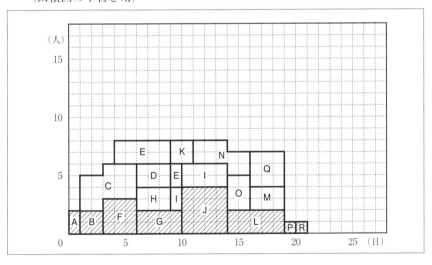

（へ）クリティカルパス：A ─── B ─── E ─── J ┈┈ L ─── P ─── R

（ト）全所要工期：23日

（チ）トータルフロート：6日 〔12 −（③ + 3 ）= 6 〕

（リ）Jを2日間短縮，Lを2日間短縮，Jを1日間短縮及びLを1日間短
縮の3通り。

（ロ）の場合の所要日数は21日，（へ）の場合は23日で短縮すべき日数は
23 − 21 ＝ 2日である。求め方は，下図の要領で計算し，ＴＦがマイナス

になる作業のどれかを短縮する（①J＝－2,②L＝－2,③J＝－1とL＝
－1の3つが解答になる）。

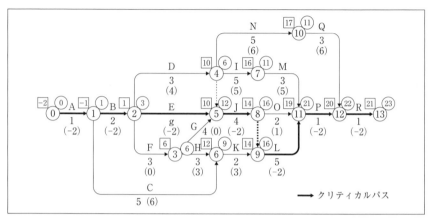

(2) ① 仮設備工事，現場諸経費を必要最小限にすること。

② 施工用機械設備，仮設資材，工具等は必要最小限とし，できるだけ反
復使用する。

③ 合理的最小限の一定数の作業員をもって全工事期間を通じて，稼動作
業員数の不均衡をできるだけ少なくする。

④ 施工の段取り待ち，材料待ち，その他機械設備の損失時間をできるだ
け小さくする。

※上記のうち3つ記述すればよい。

問題3の5　選択問題　解答・解説

(1)　下図は，ある造園工事の未完成のネットワーク図である。

　　（イ）下記の条件に従い，下記の未完成のネットワーク図を完成しなさい。

　　　　（作業名は記号で図示）

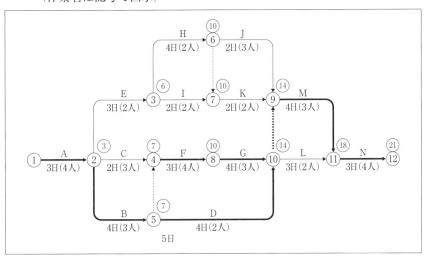

（ロ）

　　　1）クリティカルパスの作業名を記述しなさい。（A—B—Cの要領による）

|解答|　　A ⟶ B ┈┈▸ F ⟶ G ┈┈▸ M ⟶ N

　　2）1）の全所要日数は何日か。

|解答|　　21日

（ハ）作業Jを最も早く開始することができ，かつ，（ロ）の全所要日数を延ばすことができないとき，作業Jが延ばすことのできる最大日数（トータルフロート）は何日か。

|解答|　　⑭ −（⑩＋2）＝2日

アドバイス ネットワーク式工程表の得意な方は，この問題を選択すれば確実に得点できますね。単純な計算ミスをしないように注意しましょう。問題1の施工経験記述，問題2の必須問題と，この問題3の総合点で合格がきまります。あわてずに解答しましょう。時間は充分ありますよ。

（二）
1）

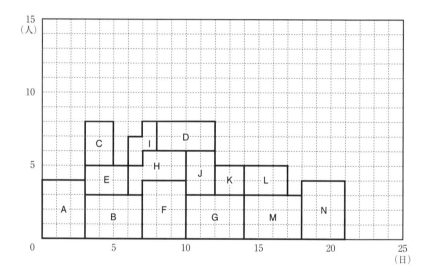

　２）１）の場合の１日当たりの最大作業員数は何人か。

解答　　8人

（ホ）工事材料の搬入の関係から所要日数について再検討したところ，作業
　　　Ｄ及び作業Ｋがそれぞれ１日多くかかること，また，作業Ｇは２日短縮
　　　できることが判明した。

　　　　この場合のクリティカルパスの作業名を記述しなさい。（Ａ→Ｂ→Ｃの
　　　要領による）

解答　　　　Ａ──→Ｅ──→Ｈ┈┈→Ｋ──→Ｍ──→Ｎ

（ヘ）（ホ）の場合の全所要日数は何日か。

解答　　20日

(2)　いわゆる突貫工事において，単位当たりの原価を著しく上昇させる要因と
　して考えられるものを３つ記述しなさい。

解答　　①　施工量に比例的でない賃金方法を採用すること。例えば，歩増
　　　し，残業手当，深夜手当，懸賞金等

　②　消耗役務材料の使用量が施工量に比例的でなく急増すること。

　③　材料の手配が施工量に間に合わず，労務の手待ちを生じ，あるいは高
　　　価な材料を購入すること。

　④　１交代から２交代，３交代へと１日の作業交代数の増加に伴う固定費
　　　の増加。

　⑤　施工量増加に対応するための労務宿舎その他の仮設備及び機械器具の
　　　増設，現場管理者の増員など施工規模の拡大が行われること。　　等

⑴

（イ）

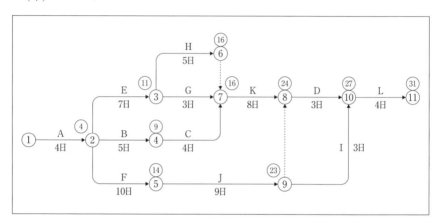

（ロ）　1）A→E→H┄→K→D→L

（ハ）　<u>解答31日</u>

（ニ）　<u>解答13人</u>

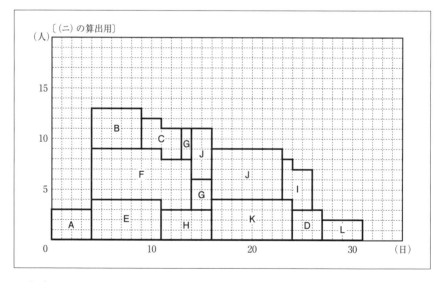

〔（ニ）の算出用〕

（ホ）　A→F→J┄→D→L

解答30日

　　（ヘ）　解答23日
　　（ト）　解答12日
(2)　①　作業の相互関係がわかる。（作業手順がわかる。）
　　②　重点管理作業がわかる。（工期に影響する作業がわかる。）
　　③　当初計画の変更に速やかに対処できる。等

（イ）別紙参照

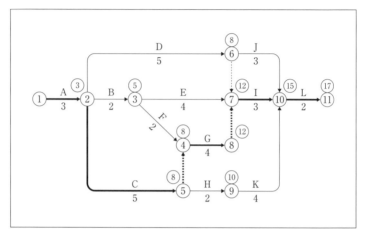

（ロ）　1）　A ——→ C ·····→ G ·····→ I ——→ L

　　　　2）　解答17日

（ハ）　1）

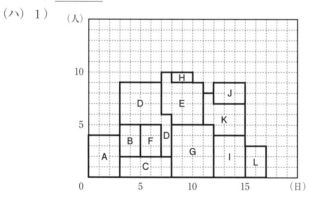

　　　　2）　10人

（ニ）　A ——→ B ——→ F ——→ G ——→ I ——→ L

（ホ）　B，F

(2)　①　悪天候，地質の悪化など不可抗力的要因

　　　②　作業の段取り待ち

　　　③　材料の供給待ち

　　　④　機械の故障　等

問題3の8　選択問題　解答・解説

⑴

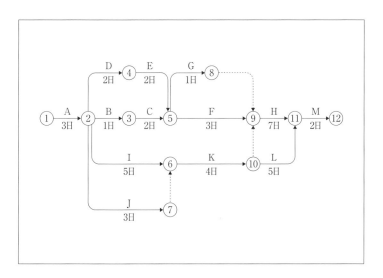

⑵　（Ⅰ）は，ホ（高木位置出し）

　　（Ⅱ）は，ニ（高木植穴掘り）

　　（Ⅲ）は，ハ（高木運搬）

　　（Ⅳ）は，イ（高木植付け）

　　（Ⅴ）は，ロ（芝張）

⑶　⑴, ⑵の場合のクリティカルパスの作業名を記述しなさい。

　　A──→ I ──→ K┄┄→ H ──→ M

⑷　⑶において全所要日数は何日か。

　　答え　　　　　21　　　　　日

⑸　⑴, ⑵をもとに，イベント⑨の最早結合点時刻は何日か。

　　答え　　　　　12　　　　　日

⑹　⑴, ⑵をもとに，イベント⑤の最遅結合点時刻は何日か。

　　答え　　　　　9　　　　　日

⑺　⑴, ⑵において，砂場工及び平板舗装工をそれぞれ1日短縮することが出来たが，高木植付け作業に2日の遅れを生じた。

　　この場合，次の（イ），（ロ）について答えなさい。

　　（イ）クリティカルパスの作業名を記述しなさい。

A —→ D —→ E —→ F —→ H —→ M

（ロ）全所要日数は何日か。

答え_____21_____日

問題3の9　選択問題　解答・解説

(1)　下記の条件に従い，下記のネットワーク図を完成しなさい。

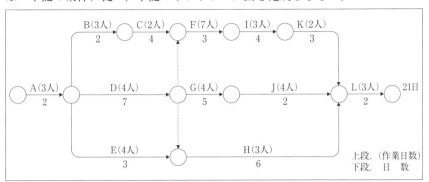

(2)　（イ）クリティカルパスの経路は

A ──→ D ·····→ F ──→ I ──→ K ──→ L となる。

　　（ロ）全所要日数は，21日間である。

(3)　（イ）山積図

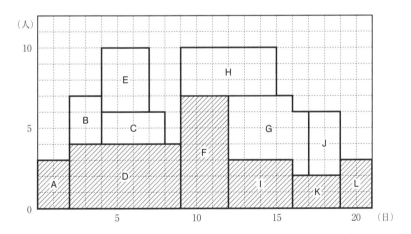

　　（ロ）1日当たりの最大作業員数　　10人

(4)　（イ）　A ──→ D ──→ G ·····→ K ──→ L

　　（ロ）　24日

　　（ハ）　11人

2．稼働率低下の要因

　　①　作業の段取り待ち

② 材料の遅延による手待ち
③ 建設機械の故障
④ 設計変更による手戻り
⑤ 未熟労働者による作業量の低下

第2章　施工全般

●問題4の1〜問題4の9【選択問題】
●問題4の1〜問題4の9　解答・解説

【選択問題】

> **問題4の1** 次に示す工事数量表及び工事に係る条件に基づく造園工事の品質管理に関する以下の設問(1)〜(3)について答えなさい。
>
> (解答 P.254)

〔工事数量表〕

工種	種別	細別	規格				単位	数量	備考
植栽工	高木植栽工	ヤマボウシ	H(m)	C(m)	W(m)	株立数	本	10	支柱取付け
			3.5	0.21	−	3本立以上			
		ソメイヨシノ	H(m)	C(m)	W(m)	株立数	本	5	支柱取付け
			3.0	0.12	1.0	−			
	地被類植栽工	シバザクラ	3芽立，コンテナ径 9.0 cm				鉢	2,500	
		コクマザサ	3芽立，コンテナ径10.5 cm				鉢	1,000	
移植工	高木移植工	クスノキ	H(m)	C(m)	W(m)	株立数	本	1	支柱取付け
			7.0	0.80	3.0	−			

〔工事に係る条件〕

・本工事は，供用後30年を経過した総合公園の一部区域の再整備を行うものであり，上記の工事数量表に基づき施工するものである。

・高木移植工は，根回し後，適切な期間，養生されているクスノキを移植する。

(1) 「公共用緑化樹木等品質寸法規格基準（案）」の寸法規格に関し，以下の（イ），（ロ）について答えなさい。

（イ）下表に示すア〜オのヤマボウシについて，本工事に使用するものとして，「H」及び「C」の寸法規格基準を満たしているものの記号を全て記入しなさい。

　　　ただし，表中の「各幹の周長」のそれぞれの数値は，「各幹の高さ」の数値の順序と同じ幹に対するものである。

記号	各幹の高さ（m）	各幹の周長（m）	株立数
ア	3.6, 3.6, 2.6	0.12, 0.10, 0.08	3本立
イ	3.8, 3.7, 2.4	0.13, 0.11, 0.07	3本立
ウ	3.9, 3.3, 3.0	0.13, 0.09, 0.08	3本立
エ	3.9, 3.6, 3.4, 3.0	0.12, 0.09, 0.08, 0.09	4本立
オ	3.8, 3.7, 2.7, 2.4	0.12, 0.10, 0.07, 0.07	4本立

（ロ）ソメイヨシノの寸法規格に関し，「C」及び「W」の測定に関する次の記述の ① ～ ③ に当てはまる語句又は数値を記述しなさい。

・「C」は，根鉢の上端より ① ｍ上りの位置を測定し，この部分に枝が分岐している場合は，分岐部分の ② を測定する。

・「W」は，四方面に伸長した枝の幅を測定し，測定方向により長短がある場合は， ③ とする。なお，一部の突出した枝は含まない。

①	②	③

(2) 「公共用緑化樹木等品質寸法規格基準（案）」の品質規格に関し，以下の（イ）～（ハ）について答えなさい。

（イ）ソメイヨシノなどの樹木の品質規格のうち**樹姿**に関し，「**樹形（全形）**」，「**幹**」以外の表示項目を１つ記述し，その**品質判定上の留意事項**を記述しなさい。

表示項目：

留意事項：

（ロ）シバザクラなどの草花類の品質規格に関し，「**花**」について**品質判定上の留意事項**を記述しなさい。

（ハ）コクマザサなどのその他地被類の品質規格に関し，「**形態**」，「**葉**」以外の表示項目を１つ記述し，その**品質判定上の留意事項**を記述しなさい。

表示項目：

留意事項：

(3) 高木移植工に関し，以下の（イ）～（ハ）について答えなさい。

（イ）クスノキの移植に当たり実施した掘取り作業に関する次の記述の ① ， ② に当てはまる語句を記述しなさい。

・掘回し，根切りの終わったクスノキを土付きの根鉢として掘り上げた。根巻きは，縄などで根鉢を締めつける方法とし，まず根鉢の周囲を横に巻く ① を行い，次いで縦・横に縄をかける ② を行った。

①	②

(ロ) クスノキの移植に当たり，樹木の品質を確保するため，**掘取り前に行うべき作業の内容を，その目的と併せて具体的に3つ記述**しなさい。

（ただし，幹巻き，蒸散抑制剤の散布，及び病虫害防除のための薬剤散布を除く。）

① _____

② _____

③ _____

(ハ) クスノキの移植に当たり，樹木の品質を確保するため，**水極め法による埋戻しの後に行うべき作業の内容を，その目的と併せて具体的に2つ記述**しなさい。

（ただし，幹巻き，蒸散抑制剤の散布，及び病虫害防除のための薬剤散布を除く。）

① _____

② _____

【選択問題】

> 問題4の2 次に示す工事数量表及び工事に係る条件に基づく造園工
> 事の品質管理に関する以下の設問(1)〜(3)について答えなさい。
> 解答は，解答用紙の所定の解答欄に記述しなさい。（解答 P.255）

〔工事数量表〕

工種	種別	細別	規格				単位	数量	備考
敷地造成工	表土保全工	表土掘削	–				m³	1,500	運搬・仮置きを含む
植栽工	高木植栽工	イチョウ	H(m) 4.0	C(m) 0.21	W(m) 1.5	株立数 –	本	10	支柱取付け
		エゴノキ	H(m) 3.5	C(m) 0.21	W(m) –	株立数 3本立以上	本	10	支柱取付け
		ナツツバキ	H(m) 3.5	C(m) 0.15	W(m) 1.0	株立数 3本立以上	本	10	支柱取付け
	地被類植栽工	ノシバ	36 cm×28 cm×10枚				m²	3,000	目地張り（目土あり）
移植工	高木移植工	ケヤキ	H(m) 7.0	C(m) 0.60	W(m) 4.0	株立数 –	本	5	支柱取付け

〔工事に係る条件〕

・表土保全工は，良質な表土を今後の植栽工事に活用するため，表土を掘削
し，現場に近接する場所に運搬して，仮置きして保全する。

(1)「公共用緑化樹木等品質寸法規格基準（案）」に関する以下の（イ）〜（ニ）
について答えなさい。

（イ）「公共用緑化樹木等品質寸法規格基準（案）」に関する次の記述の
A ， B に当てはまる適当な語句を記述しなさい。

・「公共用緑化樹木等品質寸法規格基準（案）」は，主として都市緑化
の用に供される公共用緑化樹木等について，品質規格と寸法規格を定
めたものであり，樹木等の A 時に適用すべきものである。

・そのうち，寸法規格は樹木等の形状寸法を数値で表し，これを確認す
るもので，この規格で定める寸法値は， B 値を示している。

A	B

(ロ)「公共用緑化樹木等品質寸法規格基準（案）」の品質規格に関し，以下
　　の1）〜3）について答えなさい。
　　　1）イチョウなどの樹木の品質規格のうち**樹姿**に関し，「樹形（全
　　　　形）」，「下枝の位置」について，それぞれの品質判定上の留意事項を
　　　　記述しなさい。
樹形（全形）：

下枝の位置：

　　　2）イチョウなどの樹木の品質規格のうち**樹勢**に関し，「生育」，「根」，
　　　　「根鉢」，「葉」以外の表示項目を3つ全て記述しなさい。
①
②
③
　　　3）ノシバなどのシバ類の品質規格に関し，「ほふく茎」，「根」につい
　　　　て，それぞれの**品質判定上の留意事項**を記述しなさい。
ほふく茎：

根：

（ハ）下表に示すア〜オの樹木は，本工事に使用する予定のものの一部であ
　　る。工事数量表の「H」及び「C」の寸法規格基準を満たしているもの
　　の記号を全て記入しなさい。
　　　ただし，表中の「各幹の周長」のそれぞれの数値は，「各幹の高さ」の
　　数値の順序と同じ幹に対するものである。

記号	樹種	株立数	各幹の高さ（m）	各幹の周長（m）
ア	エゴノキ	3本立	3.9, 3.4, 2.8	0.13, 0.11, 0.07
イ	エゴノキ	4本立	3.8, 3.5, 2.7, 2.4	0.12, 0.10, 0.07, 0.04
ウ	エゴノキ	4本立	3.7, 3.6, 2.8, 2.6	0.10, 0.10, 0.07, 0.06
エ	ナツツバキ	4本立	3.2, 3.1, 2.3, 1.8	0.08, 0.07, 0.05, 0.03
オ	ナツツバキ	3本立	3.3, 3.2, 2.1	0.08, 0.08, 0.06

（ニ）下図は，現場に搬入されたイチョウのうち1本の立面図及び樹冠投影

図である。

　図の（A）〜（D）の測定値は下表のとおりとなった。このイチョウにおける「W」の値を求めなさい。

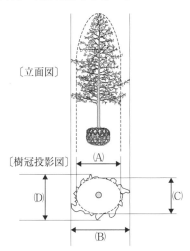

〔立面図〕

〔樹冠投影図〕

測定箇所	測定値
（A）	1.8 m
（B）	2.2 m
（C）	1.6 m
（D）	2.0 m

⑵　移植工において，掘取りの際に「根巻き」を行うこととしている。この「根巻き」が樹木の活着を良好にする理由を具体的に2つ記述しなさい。

①

②

⑶　表土保全工において，仮置き場所に表土を堆積する際，**表土の品質を維持するために留意すべき事項**を具体的に2つ記述しなさい。

①

②

【選択問題】

> **問題4の3**　品質管理に関する以下の設問(1), (2)について答えなさい。
>
> 　解答は，解答用紙の所定の解答欄に記述しなさい。（解答 P.256）

(1)　次に示す工事数量表に基づく造園工事の品質管理に関し，以下の（イ）～（ハ）について答えなさい。

〔工事数量表〕

工 種	種 別	細 別	規 格				単位	数量	備 考
植栽工	高木植栽工	クスノキ	H(m)	C(m)	W(m)	株立数	本	10	支柱取付け
			3.5	0.21	1.0	－			
		コナラ	H(m)	C(m)	W(m)	株立数	本	10	支柱取付け
			3.5	0.21	－	3本立以上			
	地被類植栽工	コウライシバ	36 cm×28 cm×10枚				m²	1,500	目地張り（目土あり）
		シバザクラ	3芽立　コンテナ径9.0 cm				株	2,500	
移植工	高木移植工	カツラ	H(m)	C(m)	W(m)	株立数	本	5	支柱取付け
			7.0	0.75	3.0	－			

（イ）「公共用緑化樹木等品質寸法規格基準（案）」の寸法規格に関し，以下の1），2）について答えなさい。

　1）下表に示すア～オのコナラについて，本工事に使用するものとして，「H」及び「C」の寸法規格基準を満たしているものの記号を全て記入しなさい。

　　ただし，表中「C」のそれぞれの数値は，「H」の数値の順序と同じ幹に対するものである。

記号	H （m）	C （m）	株立数
ア	4.0,　3.5,　2.5,　2.4	0.14,　0.12,　0.08,　0.06	4本立
イ	3.5,　3.3,　3.2	0.12,　0.10,　0.10	3本立
ウ	3.8,　3.5,　2.7	0.13,　0.13,　0.08	3本立
エ	3.7,　3.5,　2.5,　2.5	0.12,　0.10,　0.07,　0.06	4本立
オ	3.6,　3.5,　2.7	0.12,　0.10,　0.07	3本立

2）「W」の測定に当たっての留意事項を記述しなさい。

_____

_____

（ロ）「公共用緑化樹木等品質寸法規格基準（案）」の品質規格に関し，以下
　　の1）〜3）について答えなさい。

　　1）クスノキなどの樹木の品質規格のうち**樹勢**に関し，「**枝**」，「**葉**」，
　　「**根**」について，それぞれの**品質判定上の留意事項**を記述しなさい。

枝：_____

_____

葉：_____

_____

根：_____

_____

　　2）コウライシバなどのシバ類の品質規格に関し，「**葉**」，「**根**」**以外の表
　　示項目を3つ記述しなさい**。

① _____

② _____

③ _____

　　3）シバザクラなどの草花類の品質規格に関し，「**花**」について**品質判定
　　上の留意事項**を記述しなさい。

_____

_____

（ハ）高木移植工に関し，6月にカツラを移植したので，夏季に備えて樹木
　　の養生作業を行うことにした。その**養生作業の名称とその作業目的につ
　　いて，それぞれ具体的に3つ**記述しなさい。

　　（ただし，剪定，支柱の取付け，灌水に関する内容を除く。）

名称：_____

目的：_____

名称：_____

目的：_____

名称：_____

目的：_____

(2)　工事目的物の品質・出来形について各種の検査が行われるが，それらの検
　　査は，一般に工事完成後だけでなく**施工段階**においても行われることがあ

る。その理由を具体的に2つ記述しなさい。

（ただし，部分払に関する内容は除く。）

① _____

_____

② _____

_____

【選択問題】

問題4の4　次の工事数量表に基づく造園工事の品質管理に関する以下の設問(1)，(2)について答えなさい。
解答は，解答用紙の所定の解答欄に記述しなさい。（解答 P. 257）

〔工事数量表〕

工　種	種　別	細　別	規　格			単位	数量	摘　要
植栽工	高木植栽工	スダジイ	H(m)	C(m)	W(m)	本	50	支柱取付け
			3.5	0.18	1.0			
		ヤマボウシ	H(m)	C(m)	W(m)	本	30	株立物（2本立）支柱取付け
			3.5	0.21	－			
		ナツツバキ	H(m)	C(m)	W(m)	本	30	株立物（3本立）支柱取付け
			3.0	0.15	－			
	地被類植栽工	コウライシバ				m²	500	目地張り（目土あり）

(1)　「公共用緑化樹木等品質寸法規格基準（案）」に関し，以下の（イ）～（ニ）について答えなさい。

（イ）　本工事に使用する予定の下表に示すA～Fの樹木について，「公共用緑化樹木等品質寸法規格基準（案）」に基づく寸法規格基準を満たしているものに○を，満たしていないものに×を，解答欄に記入しなさい。

記号	樹種	H	C	株立数
A	ヤマボウシ	3.6，2.5	0.18，0.13	2本立
B	ヤマボウシ	3.7，2.5	0.17，0.12	2本立
C	ヤマボウシ	3.6，2.6，2.0	0.17，0.15，0.10	3本立
D	ナツツバキ	3.2，3.1，2.1，1.8，1.5	0.08，0.08，0.06，0.03，0.02	5本立
E	ナツツバキ	3.3，3.2，2.0	0.08，0.07，0.07	3本立
F	ナツツバキ	3.5，3.0，2.1	0.1，0.08，0.05	3本立

解答欄

A		B		C	
D		E		F	

問題4　239

（ロ）樹木の品質規格のうちの樹勢に関して，「樹皮（肌）」，「根鉢」の品質
　　判定上の留意事項を記述しなさい。

_____

_____

（ハ）樹木の品質規格のうちの樹姿に関して，「樹形」，「枝葉の密度」の品質
　　判定上の留意事項を記述しなさい。

_____

_____

（ニ）次の記述の　A　～　D　に当てはまる語句をア～シの中から選
　　び，その記号を解答欄に記入しなさい。
　　　「公共用緑化樹木等品質寸法規格基準（案）」に示される規格は樹木等の
　　　A　に適用すべきものである。この規格で定める寸法値は，　B
　　を示している。樹木の品質は，樹姿と樹勢に大別して定めるものとし，
　　シバ類の品質は，　C　，ほふく茎，根，病虫害，　D　により表示
　　するものとする。

ア．生育	イ．搬入時	ウ．完了検査時	エ．葉張
オ．形態	カ．最高値	キ．掘取り時	ク．雑草等
ケ．最低値	コ．葉の密度	サ．平均値	シ．葉

解答欄

A		B		C		D	

（2）　植栽基盤の調査において，次の（イ），（ロ）の試験器を用いる試験項目と
　　して，最も適当なものをA～Iの中から選び，その記号を解答欄に記入しな
　　さい。
　　　また，これらの試験により試験項目を判定する場合，植栽基盤が「良好」
　　であると判断することの出来る基準値を記述しなさい。
（イ）長谷川式簡易現場透水試験器
（ロ）長谷川式土壌貫入計

A　排水性	B　保水性	C　トラフィカビリティー
D　コーン貫入指数	E　土壌硬度	F　必要な土層厚
G　土性	H　含水比	I　締固め度

（イ）		基準値	
（ロ）		基準値	

> **問題4の5**　次の工事数量表に基づく造園工事の品質管理に関する以下の設問(1)，(2)について答えなさい。
>
> 　解答は，解答用紙の所定の解答欄に記述しなさい。（解答 P. 258）

工　種	種　　別	細　別	規　　格			単位	数量	摘　要
植栽工	高木植栽工	クスノキ	H(m)	C(m)	W(m)	本	3	支柱取付け
			7.0	0.80	3.0			
		ハナミズキ	H(m)	C(m)	W(m)	本	5	支柱取付け
			2.5	0.10	0.6			
		コナラ	H(m)	C(m)	W(m)	本	5	株立物（3本立）
			3.0	0.15	–			
	地被類植栽工	コウライシバ				m²	200	目地張り（目土あり）

(1)　「公共用緑化樹木等品質寸法規格基準（案）」に関する以下の（イ）～（ニ）について答えなさい。

（イ）下図は現場に搬入されたハナミズキのうち1本の樹冠投影図である。

　　　「W」を算出するために図の(A)～(D)を測定したところ，下表のとおりとなった。

	測定値	摘　　要
（A）	0.85 m	突出した枝を含めた枝張の最大幅
（B）	0.75 m	突出した枝を含めない枝張の最大幅
（C）	0.55 m	枝張の最小幅
（D）	0.04 m	地上高1.2 m での幹の直径

　　　「公共用緑化樹木等品質寸法規格基準（案）」に定められている「W」の値を算出するための具体的な測定方法を記述し，このハナミズキの「W」の値を求めなさい。

（ロ）下図は現場に搬入されたコナラのうちの１本である。

　　　樹高を測定したところ，各幹の高さはそれぞれ，3.2 m，3.1 m，2.6 m であった。このコナラの樹高が工事数量表の規格を「満たしている」か，「満たしていない」かについて，解答用紙の□内に○印を付け，その判断の理由を具体的に記述しなさい。

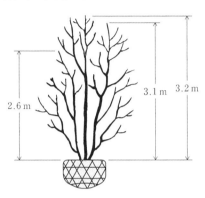

「満たしている」判断の理由＿＿＿＿＿＿＿＿＿＿＿＿＿＿＿＿＿＿＿＿＿

「満たしていない」判断の理由＿＿＿＿＿＿＿＿＿＿＿＿＿＿＿＿＿＿＿＿

（ハ）ハナミズキの品質規格のうち樹姿に関して，「樹形」，「幹」以外の表示項目を２つ記述し，それぞれの品質判定上の留意事項を記述しなさい。

表示項目		留意事項	

表示項目		留意事項	

（ニ）コウライシバの品質規格に関して，「ほふく茎」，「根」，「雑草等」についての品質判定上の留意事項をそれぞれ記述しなさい。

「ほふく茎」＿＿＿＿＿＿＿＿＿＿＿＿＿＿＿＿＿＿＿＿＿＿＿＿＿＿＿＿

「根」＿＿＿＿＿＿＿＿＿＿＿＿＿＿＿＿＿＿＿＿＿＿＿＿＿＿＿＿＿＿＿

「雑草等」＿＿＿＿＿＿＿＿＿＿＿＿＿＿＿＿＿＿＿＿＿＿＿＿＿＿＿＿

(2)　高木植栽工において使用するクスノキについて，現場への運搬に先だって以下の（イ）～（ハ）の作業を行った。それぞれの作業の「目的」と「方法」を具体的に記述しなさい。

（イ）直根の切直し「目的」_____

　　　　　　　　「方法」_____

（ロ）幹の縄巻き　「目的」_____

　　　　　　　　「方法」_____

　　　　　　　　　　　_____

（ハ）枝しおり　「目的」_____

　　　　　　　　「方法」_____

　　　　　　　　　　　_____

【選択問題】

> **問題4の6**　次の工事数量表に基づく造園工事の品質管理に関する以下の設問(1)～(3)について答えなさい。
>
> 　解答は，解答用紙の所定の解答欄に記述しなさい。（解答 P. 260）

〔工事数量表〕

工　種	種　別	細　別	規　格				単位	数量	摘　要
植栽工	高木植栽工	クスノキ	H(m)	C(m)	W(m)		本	3	二脚鳥居型支柱(添木付)
			3.5	0.18	0.8				
		イロハモミジ	H(m)	C(m)	W(m)		本	5	ハツ掛支柱(竹三本)
			2.5	0.12	1.0				
		コナラ	H(m)	C(m)	W(m)	株立数(B.N)	本	3	
			3.0	0.15	－	3本立			
	地被類植栽工	リュウノヒゲ	5芽立				株	200	コンテナ径9.0 cm

(1)　「公共用緑化樹木等品質寸法規格基準（案）」に関する以下の（イ）～（ニ）について答えなさい。

（イ）樹木の品質規格のうち樹姿に関して，「樹形」の品質判定上の留意事項を記述しなさい。

_____

_____

_____

（ロ）樹木の品質規格のうち樹勢に関して，「生育」，「根」，「根鉢」，「葉」以外の表示項目を2つ記述し，それぞれの品質判定上の留意事項を記述しなさい。

①_____

_____

②_____

（ハ）クスノキの寸法規格に関して，H，C，Wの測定上の留意事項をそれぞれ2つずつ記述しなさい。

H：①_____

②_____

C：①_____
　　②_____
W：①_____
　　②_____

（ニ）リュウノヒゲの品質規格に関して，品質判定上の留意事項を2つ記述
　　しなさい。
　　①_____

_____
　　②_____

(2)　下表のア～カのコナラについて，本工事に使用するものとして，「公共用
　緑化樹木等品質寸法規格基準（案)」に基づく樹高の規格基準を満たすもの
　の記号をすべて記述しなさい。

記号	株立数（本）	それぞれの樹高（m）				
ア	3	3.6	2.7	2.7	－	－
イ	5	3.0	3.1	2.4	2.1	1.9
ウ	3	3.5	2.0	3.6	－	－
エ	3	2.2	3.5	3.0	－	－
オ	5	2.3	2.8	3.3	2.0	2.7
カ	3	3.4	2.1	3.2	－	－

樹高の規格基準を満たすものの記号 _____

(3)　現地における表土を有効活用することとし，一時仮置きしておくこととな
　った。仮置き場における表土の保護養生に当たり，「留意すべき事項」を2
　つ記述し，それぞれの事項に対する「対策」を記述しなさい。
　「留意すべき事項」①_____
　　　　　　　　　　②_____
　「対策」①_____
　　　　　②_____

【選択問題】

> **問題4の7** 次の工事数量表の造園工事において，品質管理に関する
> 以下の設問(1)〜(4)について答えなさい。
>
> **解答は，解答用紙の所定の解答欄に記述しなさい。** (解答 P.261)

〔工事数量表〕

工　種	種　別	細　別	規　格 H (m)	C (m)	W (m)	株立数 (B.N)	単位	数量	備　考
植栽工	高木植栽工	ケヤキ	5.0	0.25	2.0		本	5	支柱取付け
		ヤマボウシ	3.5		–	3 本立	本	5	〃
	地被類植栽工	シバザクラ	3 芽立				株	800	コンテナ径9.0 cm
		コウライシバ					m²	200	目地張り（目土あり）
移植工	高木移植工	ヤマモモ	4.0	0.40	3.0		本	1	溝掘式根回し実施済

(1) 「公共用緑化樹木等品質寸法規格基準（案)」に関する以下の（イ)，（ロ)
について答えなさい。

　(イ) 樹木の品質規格のうち樹勢に関して，「根」と「根鉢」についての品質
　　判定上の留意事項を記述しなさい。

「根」
_____

「根鉢」
_____

　(ロ) 樹木の寸法規格に関して，次の記述の(A)〜(C)に当てはまる語句を，①
　　〜⑨の中から選んでその記号を記入しなさい。

　　「公共用緑化樹木等品質寸法規格基準（案)」に示される規格は樹木等の
　　（　A　）時に適用すべきものである。

　　なお，この規格で定める寸法値は，（　B　）を定めたものであり，そ
　　の（　C　）であれば，当該規格に適合していると判断することにな
　　る。」

〔語句〕

> ①掘取り　　②搬入　　　③整姿剪定　　④最低値　　　⑤最高値
>
> ⑥平均値　　⑦寸法値内外　⑧寸法値以内　⑨寸法値以上

(2) 本工事で使用するヤマボウシ（株立物）に関し，「公共用緑化樹木等品質寸法規格基準（案）」に定められる寸法規格として，次の記述の（ア）～（オ）に当てはまる語句又は数値を記述しなさい。

「株立樹木の幹周の測定は，株立数を指定した場合（○本立）には（　ア　）順に指定株立数のおのおのの周長の（　イ　）の（　ウ　）の値をもって幹周とする。

なお測定する株の判定にあたっては，所定樹高の（　エ　）に満たないものは対象外とする。以上の測定方法に従い，下図のヤマボウシの幹周を算出すると（　オ　）cm となる。」

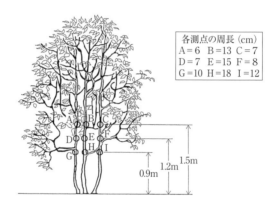

各測点の周長 (cm)
A＝6　B＝13　C＝7
D＝7　E＝15　F＝8
G＝10　H＝18　I＝12

(3) 高木植栽工において，ケヤキの植付け後の養生（支柱取付けを除く）として，品質管理上行うべき作業を3つ記述しなさい。

① _____

_____

② _____

_____

③ _____

_____

(4) 高木移植工に関する以下の（イ），（ロ）について答えなさい。

（イ）移植木調達先において，根巻法によるヤマモモの掘取り作業を行うこととなった。掘取りにかかる前に行うべき品質管理上の作業を3つ記述しなさい。

① _____

_____

②_____

③_____

（ロ）現地搬入したヤマモモが直ちに植え込めず，1日間現地保管が必要に
　　なった。この場合に行うべき品質管理上の措置を2つ記述しなさい。

①_____

②_____

【選択問題】

> **問題4の8** 次の工事数量表の造園工事において，品質管理に関する以下の設問(1)～(3)について答えなさい。
> 　解答は，解答用紙の所定の解答欄に記述しなさい。（解答 P.262）

〔工事数量表〕

工　種	種　別	細　別	規　格			単位	数量	備　考
			H(m)	C(m)	W(m)			
植栽工	高木植栽工	クスノキ	3.5	0.18	0.8	本	6	支柱取付け
		ヤマモモ	3.0	0.18	0.8	本	6	〃
		コブシ	3.0	0.15	1.2	本	8	〃
	地被類植栽工	コウライシバ				m²	200	目地張り （目土あり）

(1) 本工事における緑化樹木等の材料検査を行うにあたって，「公共用緑化樹木等品質寸法規格基準（案)」に定められている品質管理に関する以下の(イ)，(ロ)，(ハ)について答えなさい。

(イ) 樹木の品質規格のうち樹姿に関して，「樹形」と「枝葉の配分」について品質判定上の留意事項を記述しなさい。

「樹形」

_____

「枝葉の配分」

_____

(ロ) 樹木の寸法規格に関して，「樹高」と「枝張」の測定上の留意事項をそれぞれ2つ記述しなさい。

「樹高」① _____

　② _____

「枝張」① _____

　② _____

(ハ) コウライシバについて，品質判定上の留意事項を3つ記述しなさい。

　① _____

② _____

③ _____

(2) 樹木の植栽基盤に関して,「土壌 pH」と「土壌温度」について品質管理
上の留意事項を記述しなさい。

「土壌 pH」_____

_____

_____

「土壌温度」_____

_____

_____

(3) 樹木の運搬にあたって,樹勢を損なわないための品質管理上の留意事項を
3つ記述しなさい。

① _____

② _____

③ _____

【選択問題】

> **問題4の9** 造園工事の品質管理に関する以下の設問(1)〜(4)について答えなさい。**解答は，解答用紙の所定の解答欄に記述しなさい。**
>
> （解答 P. 263）

(1) 「公共用緑化樹木等品質寸法規格基準（案)」に定められている樹木の寸法規格に関する以下の（イ），（ロ）について答えなさい。

　（イ）樹木の寸法規格のH，C，Wはそれぞれ何を表わしているか記述しなさい。

　　H：＿＿＿＿＿＿＿＿＿＿＿＿＿＿＿＿＿＿＿＿＿＿＿＿＿＿＿＿＿＿

　　C：＿＿＿＿＿＿＿＿＿＿＿＿＿＿＿＿＿＿＿＿＿＿＿＿＿＿＿＿＿＿

　　W：＿＿＿＿＿＿＿＿＿＿＿＿＿＿＿＿＿＿＿＿＿＿＿＿＿＿＿＿＿＿

　（ロ）H，C，Wの測定上の留意点をそれぞれ2つ記述しなさい。

　　H：①＿＿＿＿＿＿＿＿＿＿＿＿＿＿＿＿＿＿＿＿＿＿＿＿＿＿＿＿

　　　　②＿＿＿＿＿＿＿＿＿＿＿＿＿＿＿＿＿＿＿＿＿＿＿＿＿＿＿＿

　　C：①＿＿＿＿＿＿＿＿＿＿＿＿＿＿＿＿＿＿＿＿＿＿＿＿＿＿＿＿

　　②＿＿＿＿＿＿＿＿＿＿＿＿＿＿＿＿＿＿＿＿＿＿＿＿＿＿＿＿＿＿

　　W：①＿＿＿＿＿＿＿＿＿＿＿＿＿＿＿＿＿＿＿＿＿＿＿＿＿＿＿＿

　　　　②＿＿＿＿＿＿＿＿＿＿＿＿＿＿＿＿＿＿＿＿＿＿＿＿＿＿＿＿

(2) 「公共用緑化樹木等品質寸法規格基準（案)」に定められている樹木の品質規格に関する以下の（イ），（ロ）について答えなさい。

　（イ）樹姿に関する表示項目の名称を2つ記述しなさい。

　　　①＿＿＿＿＿＿＿＿＿＿＿＿＿＿＿＿＿＿＿＿＿＿＿＿＿＿＿＿＿

　　　②＿＿＿＿＿＿＿＿＿＿＿＿＿＿＿＿＿＿＿＿＿＿＿＿＿＿＿＿＿

　（ロ）樹勢に関する表示項目の名称を3つ記述しなさい。

　　　①＿＿＿＿＿＿＿＿＿＿＿＿＿＿＿＿＿＿＿＿＿＿＿＿＿＿＿＿＿

　　　②＿＿＿＿＿＿＿＿＿＿＿＿＿＿＿＿＿＿＿＿＿＿＿＿＿＿＿＿＿

　　　③＿＿＿＿＿＿＿＿＿＿＿＿＿＿＿＿＿＿＿＿＿＿＿＿＿＿＿＿＿

(3) 植付けまでの間，搬入した樹木を現場に1日間仮置きすることとなった。この場合，品質管理上行うべき措置を2つ記述しなさい。

　　　①＿＿＿＿＿＿＿＿＿＿＿＿＿＿＿＿＿＿＿＿＿＿＿＿＿＿＿＿＿

　　　＿＿＿＿＿＿＿＿＿＿＿＿＿＿＿＿＿＿＿＿＿＿＿＿＿＿＿＿＿＿＿

　　　②＿＿＿＿＿＿＿＿＿＿＿＿＿＿＿＿＿＿＿＿＿＿＿＿＿＿＿＿＿

(4)　現地における表土を有効活用することとし，一時仮置場に置いておくこととなった。仮置場における表土の保護養生に当たり，「留意すべき点とその対策」を2つ記述しなさい。

留意すべき点①

②

その対策①

②

(1)(イ)

　　ア，エ

(ロ)

①	②	③
1.2	上部	最長と最短の平均値

(2)(イ)

　　表示項目①：枝葉の配分

　　留意事項①：配分が，四方に均等であることに留意する。

　　表示項目②：枝葉の密度

　　留意事項②：樹種の特性に応じて節間が詰まり，使用密度が良好であることに留意する。

　　表示項目③：下枝の位置

　　留意事項③：樹冠を形成する一番下の枝の高さが，適正な位置にあることに留意する。

(ロ)

　　花芽の着花が良好か，もしくは花及びつぼみが植物種の特性に応じた正常な形態や花色であることに留意する。

(ハ)

　　表示項目①：根

　　留意事項①：根系の発達が良く，細根が多く，乾燥していないことに留意する。

　　表示項目②：病虫害

　　留意事項②：発生のないもの。過去に発生したことのあるものについては，発生が軽微で，その痕跡がほとんど認められないよう育成されたものであることに留意する。

(3)(イ)

①	②
樽巻き	揚巻き

(ロ)

　　①　根鉢の崩れを防止するため掘取りを始める数日前に十分灌水を行う。

② 根鉢の崩れを防止し，雑草の根や種子を取り除くため上鉢の土をかき取る。

③ 倒伏防止（ふれ止め）のため仮支柱をつける。

（ハ）

風などによる樹体の揺れからの幼根の折損を防ぐため支柱を取り付ける。樹勢を回復させ，新たな根を伸ばすことを助けるために灌水を行う。

※(2)（イ）（ハ）については上記の中から1つ記述すれば良い。

問題4の2　選択問題　解答・解説

(1)（イ）

A	B
搬入（納品）	最低

（ロ）

1）

樹形（全形）：樹種の特性に応じた自然樹形で，樹形が整っているか留意する。

下枝の位置：樹冠を形成する一番下の枝の高さが，適正な位置にあるか留意する。

2）

① 樹皮（肌）

② 枝

③ 病虫害

3）

ほふく茎：ほふく茎が，生気ある状態で密生しているかに留意する。

根　　　：根が平均的にみずみずしく張っており，乾燥したり，土くずれがないか留意する。

（ハ）

ウ　参考：ア，エ，オは樹高が未達成，イは幹周が未達成

（ニ）

1.7　参考：（A1.8m＋C1.6m）÷2＝1.7

(2)

 ① 運搬に際して崩れないようにする。

 ② 鉢内の根と土を密着させ根の乾燥を防ぐ。

(3)

 ① 雨による流失を防ぐためにシートなどを掛けるよう留意する。

 ② 生育の妨げになる表土の中のガレキなどは取り除くように留意する。

問題4の3　選択問題　解答・解説

(1)(イ)

 1）

  ア，ウ，エ

 2）

  測定方向により幅に長短がある場合は，最長と最短の平均値とするように留意する。

(ロ)

 1）

  枝：樹種の特性に応じた枝を保ち，徒長枝，枯損枝，枝折れなどの処理及び必要に応じ，適切な剪定が行われていることに留意する。

  葉：正常な葉形，葉色，密度を保ち，しおれ（変色，変形）や衰弱した葉がなく生き生きとしていることに留意する。

  根：根系の発達が良く，四方に均等に配分され根鉢に細根が多く，乾燥していないことに留意する。

 2）

  ① ほふく茎

  ② 病虫害

  ③ 雑草など

 3）

  花芽の着花が良好か，もしくは花及びつぼみが植物種の特性に応じた形態や葉色であるかに留意する。

(ハ)

 名称：幹巻き

 目的：直射日光による日焼防止

 名称：マルチング

目的：土壌の乾燥・旱害防止

名称：寒冷紗かけ

目的：蒸散抑制

(2)

① 建設工事はその性質上，工事完成後に施工地中の適否を判定することが困難なため。

② 工事目的物に不良個所が発見されてもそれを手直しするには，相当の時間と費用とを要する場合が多いため。

問題4の4　選択問題　解答・解説

(1)(イ)

記号	A	B	C	D	E	F
○×	○	×	○	○	×	○

AはH，C共に基準を満たしている。

BはHを満たしているが，Cが $(0.17+0.12)×0.7=0.203<0.21$ で満たしていない。

Cは工事数量表の摘要において2本立の指定があり，H，C共に基準を満たしている。

Dは工事数量表の摘要において3本立の指定があり，H，C共に基準を満たしている。

EはHの2.0が $2.0<3.0×0.7=2.1$ で他の70%を満たしていない。

FはH，C共に基準を満たしている。

(ロ)

樹皮（肌）：損傷がないか，その痕跡がほとんど目立たず，正常な状態を保っていること。

根鉢　　　：樹種の特性に応じた適正な根鉢，根株を持ち，根巻きやコンテナ等で固定され，乾燥していないこと。

(ハ)

樹形　　　：樹種の特性に応じた自然樹形で，樹形が整っていること。

枝葉の密度：樹種の特性に応じて節間が詰まり，枝葉密度が良好であること。

(ニ)

A	B	C	D
イ	ケ	シ	ク

(2)(イ) 長谷川式簡易現場透水試験器

　　　記号：A

　　　基準値：100 mm/h 以上（優良）30〜100 mm/h（良）

　（ロ）長谷川式土壌貫入計

　　　記号：E

　　　基準値：1.5〜4.0 cm/drop

問題4の5　選択問題　解答・解説

⑴ 「公共用緑化樹木等品質寸法規格基準（案）」に関する以下の（イ）〜
　（ニ）について答えなさい。

　（イ）下図は現場に搬入されたハナミズキのうち1本の樹冠投影図である。
　　　「W」を算出するために図の(A)〜(D)を測定したところ，下表のとおりと
　　　なった。

	測定値	摘　要
（A）	0.85 m	突出した枝を含めた枝張の最大幅
（B）	0.75 m	突出した枝を含めない枝張の最大幅
（C）	0.55 m	枝張の最小幅
（D）	0.04 m	地上高1.2 m での幹の直径

　　　「公共用緑化樹木等品質寸法規格基準（案）」に定められている「W」
　　　の値を算出するための具体的な測定方法を記述し，このハナミズキの
　　　「W」の値を求めなさい。

　　　解答　測定方向により幅に長短がある場合は，最長と最短の平均値とす
　　　　　　る。一部突出した枝は含まない。(0.75 m ＋ 0.55 m) ÷ 2 ＝ 0.65 m

　（ロ）下図は現場に搬入されたコナラのうちの1本である。

　　　樹高を測定したところ，各幹の高さはそれぞれ，3.2 m，3.1 m，2.6
　　　m であった。このコナラの樹高が工事数量表の規格を「満たしている」
　　　か「満たしていない」かについて，解答用紙の□内に○印を付け，その
　　　判断の理由を具体的に記述しなさい。

解答 ○ 「満たしている」

その判断の理由 株立数が3本以上の場合は，指定株立数について，過半数は所要の樹高に達しており，他は所要の樹高の70%以上に達していることから，規格を満たしている。3.0 m×70%＝2.1 m＜2.6 m

(ハ) ハナミズキの品質規格のうち樹姿に関して，「樹形」，「幹」以外の表示項目を2つ記述し，それぞれの品質判定上の留意事項を記述しなさい。

解答 「枝葉の配分」…配分が四方に均等であること。

「枝葉の密度」…節間が詰まり，枝葉密度が良好であること。

「下枝の位置」…樹冠を形成する一番下の枝の高さが適正な位置にあること。

(ニ) コウライシバの品質規格に関して，「ほふく茎」，「根」，「雑草等」についての品質判定上の留意事項をそれぞれ記述しなさい。

解答

シバ類の品質規格表（案）

項　目	規　格
葉	正常な葉形，葉色を保ち，萎縮，徒長，蒸れがなく，生き生きとしていること。全体に，均一に密生し，一定の高さに刈込んであること。
ほふく茎	ほふく茎が，生気ある状態で密生していること。
根	根が平均にみずみずしく張っており，乾燥や，土くずれのないもの。
病虫害	病害（病斑）がなく，害虫がいないこと。
雑草等	石が混じったり，雑草，異品種等が混入していないこと。また，根際に刈りカスや枯れ葉が堆積していないこと。

(2) 高木植栽工において使用するクスノキについて，現場への運搬に先だって以下の（イ）～（ハ）の作業を行った。それぞれの作業の「目的」と「方法」を具体的に記述しなさい。

解答 (イ) 直根の切直し

「目的」…細根の発生を促すため。枯損防止のため。

「方法」…粗雑に切った直根の切口を改めて鋭利な刃物で切り直す。切口がやや大きい時にはその切口にコールタールを塗るなど乾燥防止の措置をとり，直根部を濡れごも等で巻き，乾燥しないよう手当てをする。

（ロ）幹の縄巻き

「目的」…幹は積込みの運搬の場合に樹皮を損傷しやすいため。

「方法」…縄巻き，むしろ巻きし，さらにその上に縄巻きをする。

（ハ）枝しおり

「目的」…樹木の枝が積込みや運搬の支障となる場合があるので，枝を
　　　　まとめて縄で幹に引きつけ結びとめるものである。

「方法」…幹に近い枝から始めて，外枝へとしおり，梢より下方にしお
　　　　っていく。太い枝，強固な枝，折れやすい枝は簡単に曲がる
　　　　ものではなく，急激に無理に曲げないで，枝のもとの方から
　　　　枝先に向かって縄を約3cm間隔に巻き，枝を幹に引きつける。

問題4の6　選択問題　解答・解説

(1)

　（イ）「樹形」樹種の特性に応じた自然樹形で，樹形が整っていること。

　（ロ）「樹皮」（肌）損傷，その傷跡がほとんど目立たず，正常な状態を保っ
　　　　ていること。

　　　　「枝」　　徒長枝がなく，樹種の特性に応じた枝の姿を保ち，枯損
　　　　　　　　枝，枝折れ等の処理，および必要に応じ適切な剪定が行わ
　　　　　　　　れていること。

　　　　「病虫害」発生がないもの。過去に発生したことのあるようなものに
　　　　　　　　あっては，発生が軽微で，その傷跡がほとんど認められな
　　　　　　　　いよう育成されたものであること。

　（ハ）H：樹高　樹木の根冠の頂端から根鉢の上端までの垂直高をいい，一
　　　　　　　　部の突出した枝は含まない。

　　　　C：幹周　樹木の幹の周長をいい，根鉢の上端より1.2m上りの位置
　　　　　　　　を測定する。この部分に枝が分岐しているときは，その上
　　　　　　　　部を測定する。幹が2本以上の樹木の場合においては，
　　　　　　　　各々の周長の総和の70%をもって幹周とする。

　　　　W：枝張　樹木の四方面に伸長した枝（葉）の幅をいう。測定方向に
　　　　　　　　より幅に長短がある場合は，最長と最短の平均値とする。
　　　　　　　　なお一部突出した枝は含まない。

　（ニ）リュウノヒゲの品質規格に関して，品質判定上の留意事項を2つ記述
　　　　しなさい。

① 「形態」植物の特性に応じた形態であること

② 「葉」正常な葉形，葉色，密度（着葉）を保ち，しおれ（変色，変形）や軟弱葉がなく，生き生きしていること。

③ 「根」根系の発達が良く，細根が多く，乾燥していないこと。

④ 「病虫害」発生がないもの，過去に発生したことのあるものについては，発生が軽微で，その傷跡がほとんど認められないよう育成されたものであること。

(2) （イ），（エ），（カ）が該当する。（3本立以上の場合は，過半数は所要の樹高に達しており，他は所要の樹高の70％以上に達していること。5本立の場合は3本立とみなして，3本のうちの過半数が3m以上，残りの1本が2.1m（3mの70％）以上があれば合格です。）

(3) 「留意すべき事項」

① 降雨による流出防止。

② 他の土と混じることを防止する。

「対策」

① 養生シートにより保護をする。

② 間仕切を確実に行う。

問題4の7　選択問題　解答・解説

(1)

（イ）「根」　　根系の発達が良く，四方に均等に配分され，根鉢範囲に細根が多く，乾燥していないこと。

　　　　「根鉢」　樹種の特性に応じた適正な根鉢，根株をもち，鉢くずれのないよう根巻きやコンテナ等により固定され，乾燥していないこと。ふるい掘りでは，特に根部の養生を十分にする（乾き過ぎていないこと）など根の健全さが保たれ，損傷がないこと。

（ロ）（A）②搬入

　　　（B）④最低値

　　　（C）⑨寸法値以上

(2)（ア）高い

　　（イ）総和

　　（ウ）70％

（エ）高さ

　　（オ）21〔cm〕（図の1.2 m の所を測定する。よって〔D（7 cm）＋E（15 cm）
　　　　　＋F（8 cm）〕×0.7＝21 cm）

（3）①整姿剪定を行う

　　②幹巻きを行う

　　③水鉢を設ける

（4）（イ）①下枝のしおり

　　　　②上鉢のかきとり

　　　　③鉢付け

　　　　④仮支柱

　　　　⑤蒸散抑制　　等

　　（ロ）①枝葉に蒸散抑制剤の散布

　　　　②根巻きの乾燥を防ぐためシートにて養生をする。

　　　　③根巻きに灌水を行う。　　等

問題4の8　選択問題　解答・解説

(1)　本工事における緑化樹木等の材料検査を行うにあたって，「公共用緑化樹
　　木等品質寸法規格基準（案）」に定められている品質管理に関する以下の
　　（イ），（ロ），（ハ）について答えなさい。

　（イ）樹木の品質規格のうち樹姿に関して，「樹形」と「枝葉の配分」につい
　　　て品質判定上の留意事項を記述しなさい。

　　　「樹形」の規格は，樹種の特性に応じた自然樹形で，樹形が整っている
　　　こと。

　　　「枝葉の配分」の規格は，配分が四方に均等であること。

　（ロ）樹木の寸法規格に関して，「樹高」と「枝張」の測定上の留意事項をそ
　　　れぞれ2つ記述しなさい。

　　　「樹高」①　樹木の樹冠の頂端から根鉢の上端までの垂直高をいい，一
　　　　　　　　部の突出した枝は含まない。

　　　　　　②　ヤシ類など特殊樹にあっては「幹高」と特記する場合は幹
　　　　　　　　部の垂直高をいう。

　　　「枝張」①　樹木の四方面に伸長した枝（葉）の幅をいう。

　　　　　　②　測定方向により幅に長短がある場合は，最長と最短の平均
　　　　　　　　値とする。なお，一部の突出した枝は含まない。葉張とは低

木の場合についていう。

　(ハ)　コウライシバについて，品質判定上の留意事項を3つ記述しなさい。

　　①　肥沃地に栽培され，刈込みのうえ，土着けして切り取ったものであること。

　　②　適度に刈込みがされ，土着きであれば，徒長による腐植や根が乾燥していないこと。

　　③　生育がよく緊密な根系を有するもので，茎葉のむれ，病虫害などのないもの。さび病やコガネムシ幼虫の被害のないもの。

　　④　雑草や，雑草根の混入していない管理の行き届いた切芝であること。

　　⑤　形状規格に合ったもの。コウライシバの一般規格は36×14 cm で20枚を一束として市販されている。　　等

(2)　樹木の植栽基盤に関して，「土壌pH」と「土壌硬度」について品質管理上の留意事項を記述しなさい。

　　「土壌pH」　　　一般に植物は pH 6〜6.5くらいを好むが，雨の多いわが国では表層から塩基が溶脱して土壌中は酸性になりやすいので，場合によっては石灰等による酸性の中和を考える必要がある。

　　「土壌温度」　　　土壌温度を適切に保つには，マルチングを施し，地温の上昇を防ぎ，乾燥を防ぐために，灌水を適度に行う。また，気温の高い日中に灌水を行うのではなく，朝夕の時間帯に施す。

(3)　樹木の運搬にあたって，樹勢を損なわないための品質管理上の留意事項を3つ記述しなさい。

　　①　風や日射を防ぐためシート等で覆う。根や鉢土の乾燥を防ぐため，枝葉の多い材料はカバーをかけ蒸散防止を図る。

　　②　運搬距離や気象条件によって蒸散抑制剤を使用する。

　　③　クレーン車のワイヤーロープ等により，樹幹を傷つけたり，剥皮しないようにワラ，杉皮，小丸太，マット等により樹幹を保護する。

問題4の9　選択問題　解答・解説

(1)　(イ)　H：樹高の略称，C：幹周の略称，W：枝張（葉張）の略称

　　(ロ)　H：樹木の樹冠の頂端から根鉢の上端までの高さをいい，一部突出した枝は含まない。（ヤシ類などの特殊樹にあっては「幹高」と

特記する場合は，幹部の垂直高をいう。）

　　C：樹木の幹の周長をいい，根鉢の上端より1.2 m上がりの位置を
　　　測定する。（幹が2本以上の樹木の場合は，おのおのの幹周の総
　　　和の70%をもって幹周という。）

　　W：①樹木の四方に伸長した枝（葉）の幅をいう。
　　　②測定方向により幅に長短がある場合は，最長と最短の平均値
　　　とする。

(2)　（イ）樹姿については，樹形，幹，枝葉の配分，枝葉の密度，下枝の位置
　　　等

　　（ロ）樹勢については，生育，根，根鉢，葉，樹皮，枝，病虫害等

(3)　①　集団的にまとめ仮植を行う。

　　②　乾燥防止のため，シート等で防乾覆いを施す。

(4)　留意すべき点

　　①　乾燥させないこと。

　　②　流出しないこと。

　　その対策

　　①　表土の乾燥による飛散防止をする。（シートで覆う。）

　　②　表土の中の瓦礫や，雑草根等，夾雑物を除去する。

　　③　流出を防ぐため囲いを設ける。

第2章　施工全般

- ●問題5の1〜問題5の9 【選択問題】
- ●問題5の1〜問題5の9　解答・解説

【選択問題】

問題５の１ 安全管理に関する以下の設問(1), (2)について答えなさい。 (解答 P.292)

(1) 次に示す工事数量表及び工事に係る条件に基づく造園工事の安全管理に関する以下の設問（イ）～（ハ）について答えなさい。

〔工事数量表〕

工　種	種　別	細　別	規　格			単位	数量	備　考
移植工	高木移植工	ケヤキ	H(m)	C(m)	W(m)	本	2	支柱取付け
			6.0	0.6	4.0			
遊戯施設整備工	小規模現場打遊具工	砂場	－			箇所	1	
自然育成植栽工	林地育成工	下刈り	－			m²	1,500	
公園施設等撤去・移設工	伐採工	高木伐採	H：5～7m			本	5	樹勢不良

〔工事に係る条件〕

・本工事は，供用中の総合公園の一部区域の再整備を行うものであり，上記の工事数量表に基づく工事を施工するものである。

・高木移植工は，園内に生育しているケヤキを掘り取り，園内の別の場所に移植する。

・林地育成工は，本公園の既存林において，植物育成を目的とした林床の下刈りを行う。

・伐採工は，チェーンソーを用いて行う立木の伐木を行う。

・施工区域周辺には，公園利用者等の立入防止のためのバリケード及び注意標識などの施設が既に設置されている。

・工事区域及びその周辺は平坦であり，架空線等の障害物はない。

　（イ）高木移植工において，移動式クレーンを用いて作業を行う際の安全管理に関し，以下の１），２）について答えなさい。

　　　１）移動式クレーンを安全に作動させるため，**移動式クレーンの配置・据付けにおいて，留意すべき事項を具体的に２つ記述しなさい。**

　　　　（ただし，移動式クレーンの点検及び合図に関する記述を除く。）

① _____

② _____

2）移動式クレーンを用いる際の玉掛け作業において，次のA，Bに示す
担当者が**安全確保のために行う**事項を具体的に**2つずつ記述**しなさい。
（ただし，作業前の打合せ，移動式クレーンの点検及び配置・据付けに
関する事項を除く。）
　A：玉掛け者が実施する事項
　B：クレーンの運転者が実施する事項

A	
B	

（ロ）林地育成工において，肩掛け式草刈り機を用いて下刈り作業を行う際
の安全管理に関し，次の1），2）について答えなさい。

1）肩掛け式草刈り機の使用による振動障害を予防するための，作業時間
の管理に関する次の記述の　A　，　B　に**当てはまる適当な数値を
記入**しなさい。
　・チェーンソー以外の振動工具の取扱い業務に係る振動障害予防対策指
針において，一連続の振動ばく露時間の最大は，おおむね　A　分
以内とし，一連続作業の後，　B　分以上の休止時間を設けること
とされている。

A	B

2）肩掛け式草刈り機の使用による振動障害を予防するために，**講じるべ
き措置を具体的に2つ記述**しなさい。
　（ただし，作業時間に関する事項は除く。）

① _____

② _____

（ハ）下表は，**本工事区域内における**次のA～Cの業務に関して，それぞれの業務に従事することが可能な資格か否かを示すものである。**表中の（ a ）～（ i ）について，従事することが可能な資格であれば○を，それに該当しなければ×を解答欄に記入**しなさい。

A：樹木の立込みの際に行う，吊り上げ荷重4.9トンの移動式クレーンを用いた玉掛け業務

B：砂場設置のための掘削の際に行う，機体重量が2トンのバックホウの運転業務

C：高木伐採の際に行う，チェーンソーを用いた伐木業務

	当該業務への従事が可能な資格		
	免許を取得した者	技能講習を修了した者	特別教育を修了した者
A（玉掛け業務）	（a）	（b）	（c）
B（運転業務）	（d）	（e）	（f）
C（伐木業務）	（g）	（h）	（i）

（a）	（b）	（c）	（d）	（e）

（f）	（g）	（h）	（i）

(2) 工事現場で作業中に事故が発生した場合に備えて，日頃より作業現場において，準備しておく必要のある措置のうち，**緊急通報体制の確立に関する対応事項を，具体的に2つ記述**しなさい。

　　（ただし，通報責任者の指定に関する内容は除く。）

① _____

_____

_____

② _____

_____

_____

【選択問題】

問題5の2　次に示す工事数量表及び工事に係る条件に基づく造園工
事の安全管理に関する以下の設問(1)～(4)について答えなさい。
　　解答は，解答用紙の所定の解答欄に記述しなさい。（解答 P. 293）

〔工事数量表〕

工　種	種　別	細　別	規　格			単位	数量	備　考
公園施設等撤去・移設工	伐採工	シラカシ	H(m) 9.0	C(m) 0.80	W(m) 4.0	本	5	樹勢不良
移植工	高木移植工	ケヤキ	H(m) 5.0	C(m) 0.30	W(m) 3.0	本	8	支柱取付け
給水設備工	貯水施設工	貯水施設	高さ2.4 m，幅3.4 m，全長7.3 m			箇所	1	耐震性貯水槽 40 m³

〔工事に係る条件〕

・本工事は，供用後20年を経過した総合公園（面積15 ha）の一部区域の再整
備を行うものであり，上記の工事数量表に基づく工事を施工するものであ
る。

・給水設備工を施工する区域には，占用物件として水道管及び下水道管が埋設
されている。

・伐採するシラカシは，耐震性貯水槽の設置場所に植栽されており，樹勢不良
のため伐採する。

・ケヤキは，公園より約2 km離れた別の公園から移植する。植付け箇所への
樹木搬入に当たっては，工事車両が公園の供用区域を通過する。

・耐震性貯水槽は地下に埋設する地下貯水槽であり，埋設に必要な作業土工と
して行う床掘りなども本工事で施工する。

(1)　作業を開始する前に実施するツールボックスミーティングにおいて，**作業
員が安全に作業を進めるために，話題とすべき一般的な内容を2つ記述しな
さい。**
　　（ただし，作業員の健康管理，服装・保護具及び機械器具の点検に関する
　　内容は除く。）

①

---

② _____

（2）　伐採工における伐木作業の安全管理に関し，次の記述の　A　〜　C
　　に当てはまる**適当な語句又は数値を記述**しなさい。

　　　　・伐倒しようとする立木の胸高直径が20 cm 以上であるときは，伐根直径
　　　　（根元直径）の　A　分の1以上の深さの受け口を作り，かつ，適当な
　　　　深さの追い口を作ること。この場合において，技術的に困難な場合を除
　　　　き，受け口と追い口の間には，適当な幅の切り残しを確保すること。
　　　　・伐採の作業に従事する作業員は，他の作業員に伐倒により危険が生ずる
　　　　おそれがあるときは，あらかじめ定められた　B　を行い，他の作業員
　　　　が　C　したことを確認した後でなければ伐倒してはならない。

A	B	C

（3）　高木移植工における安全管理に関し，次の（イ）〜（ハ）について答えな
　　さい。

　（イ）公園内での樹木の運搬作業に関する，**運搬路及びその周辺における安
　　　　全管理上の措置を具体的に2つ記述**しなさい。なお，運搬路及び公園利
　　　　用者のう回路は決定されている。

　①_____

　②_____

　（ロ）移動式クレーンを用いて作業を行う際の合図・誘導に関して，作業の
　　　　安全を確保するため，**合図者が留意すべき事項を具体的に2つ記述**しな
　　　　さい。

　①_____

　②_____

　（ハ）次の記述は「クレーン等安全規則」の条文の一部である。　A　〜
　　　　C　に当てはまる**数値を記入**しなさい。
　　　　第213条　事業者は，クレーン，移動式クレーン又はデリックの玉掛用具

であるワイヤロープの安全係数については，$\boxed{\text{A}}$以上でなければ使用してはならない。

第215条　事業者は，次の各号のいずれかに該当するワイヤロープをクレーン，移動式クレーン又はデリックの玉掛用具として使用してはならない。

一　ワイヤロープ1よりの間において素線（フィラ線を除く。以下本号において同じ。）の数の$\boxed{\text{B}}$パーセント以上の素線が切断しているもの

二　直径の減少が公称径の$\boxed{\text{A}}$パーセントをこえるもの

三　キンクしたもの

四　著しい形くずれ又は腐食があるもの

A	B	C

⑷　給水設備工の作業土工に関し，次の（イ），（ロ）について答えなさい。

（イ）給水設備工の施工に当たり，工事区域内に水道管及び下水道管が埋設されているため，その確認を行うこととした。この場合「建設工事公衆災害防止対策要綱」等における安全管理上の措置に関する次の記述の$\boxed{\text{A}}$〜$\boxed{\text{C}}$に**当てはまる語句を記述**しなさい。

・埋設物の存在が想定されたので，施工に先立ち，埋設物の管理者に現場での$\boxed{\text{A}}$を求め，埋設物の管理者が保管する台帳等の照合により確認した内容に基づいて$\boxed{\text{B}}$を行い，その埋設物の種類，位置，構造，腐食状況等を$\boxed{\text{C}}$により確認することとした。

A	B	C

（ロ）給水設備工における掘削に当たり，バックホウを用いることにした。この場合，「労働安全衛生規則」に基づく安全管理上の措置に関する次の記述の$\boxed{\text{A}}$，$\boxed{\text{B}}$に**当てはまる語句を記述**しなさい。

・事業者は，掘削面の高さが2m以上の地山の掘削については，地山の掘削及び土止め支保工$\boxed{\text{A}}$技術講習を修了した者のうちから，地山の掘削$\boxed{\text{A}}$を選任しなければならない。

・事業者は，明り掘削の作業を行うときは，地山の崩壊又は土石の落下による労働者の危険を防止するため， B 者を指名して，作業箇所及びその周辺の地山について，その日の作業を開始する前などに，浮石の状態等を B させるなどの措置を講じなければならない。

A	B

【選択問題】

> **問題5の3** 安全管理に関する以下の設問(1)，(2)について答えなさい。
>
> **解答は，解答用紙の所定の解答欄に記述しなさい。**（解答 P. 294）

(1) 次に示す工事数量表及び工事に係る条件に基づく造園工事に関し，以下の（イ）～（ハ）について答えなさい。

〔工事数量表〕

工　種	種　　別	細　別	規　　　格			単位	数量	備　　考
植栽工	高木植栽工	ケヤキ	H(m) 7.0	C(m) 0.60	W(m) 4.0	本	10	支柱取付け
樹木整姿工	高中木整姿工	クスノキ	H(m) 10.0	C(m) 0.80	W(m) 5.5	本	15	
	樹勢回復工	オオシマ ザクラ	H(m) 7.0	C(m) 0.45	W(m) 4.0	本	20	薬剤等散布

〔工事に係る条件〕

・本工事は，供用後30年を経過した近隣公園（4.0 ha）の一部区域において，上記の数量表に基づき施工するものである。

・樹勢回復工は，オオシマザクラの樹勢回復と病虫害防除のため，液肥と殺菌剤を混合して動力噴霧器で葉面散布するものである。

・工期は，6月1日から9月30日までとする。

・工事区域及びその周辺は平坦であり，架空線等の障害物はない。

・公園の周辺は，主に住宅地が広がっている。

（イ）建設現場における熱中症予防対策に関する次の記述の　A　～　C　に当てはまる**適当な語句を記述**しなさい。

・　A　指数（WBGT値）が基準値を超えるおそれのある現場においては，熱を遮る遮へい物，通風・冷房の設備の設置などに努める。

・作業員に対しては，熱を吸収する服装や保熱しやすい服装は避け，透湿性・　B　の良い服装を着用させる。また，めまいなどの自覚症状の有無にかかわらず，作業の前後や作業中における定期的な水分・　C　の摂取を指導する。

A	B	C

（ロ）植栽工において，移動式クレーンを用いてケヤキの立込み作業を行うこととした。この場合の安全管理に関し，以下の）１），２）について答えなさい。

1）「クレーン等安全規則」に基づく安全管理上の措置に関する次の記述の　A　～　E　に当てはまる**最も適当な語句や数値を下記のア～コ**の中から選び，その記号を記入しなさい。なお，ア～コは複数回選んでもよい。

・事業者は，吊り上げ荷重が１トン以上の移動式クレーンの運転業務については，当該業務に関する　A　でなければ就かせてはならないが，吊り上げ荷重が１トン以上　B　トン未満の場合は，小型移動式クレーン運転に関する　C　も当該業務に就かせることができる。

・事業者は，吊り上げ荷重が　D　トン以上の移動式クレーンの玉掛けの業務は，玉掛けに関する　E　でなければ，当該業務に就かせてはならない。

ア．0.5　　イ．1　　ウ．3　　エ．5　　オ．7　　カ．10　　キ．20
ク．特別の教育を受けた者　　　ケ．技能講習を修了した者
コ．運転士免許を受けた者

A	B	C	D	E

2）移動式クレーンを用いる際の玉掛け業務において，次の①，②について**安全を確保するために行う措置を具体的に１つずつ記述**しなさい。

（ただし，玉掛け業務に係る資格，玉掛用ワイヤロープなどの用具に関する内容は除く。）

①**地切りの際の措置**

②**合図を行う際の措置**

①地切りの際：＿＿＿＿＿＿＿＿＿＿＿＿＿＿＿＿＿＿＿＿＿＿＿＿＿＿

＿＿＿＿＿＿＿＿＿＿＿＿＿＿＿＿＿＿＿＿＿＿＿＿＿＿＿＿＿＿＿＿

②合図を行う際：＿＿＿＿＿＿＿＿＿＿＿＿＿＿＿＿＿＿＿＿＿＿＿＿＿

＿＿＿＿＿＿＿＿＿＿＿＿＿＿＿＿＿＿＿＿＿＿＿＿＿＿＿＿＿＿＿＿

（ハ）樹木整姿工における安全管理に関し，以下の1）〜3）について答えなさい。

　　1）高所作業車を用いてクスノキの剪定を行うこととした。この場合，高所作業車の転倒又は作業員の転落の危険を防止するため，高所作業車の**配置・据付けを行う際に留意すべき事項を具体的に2つ記述**しなさい。
　　　（ただし，高所作業車の運転に係る資格や講習に関する内容は除く。）

① _____

② _____

　　2）前問1）の場合，高所作業車の作業床で剪定作業を行う**作業員が，自らの安全を確保するために留意すべき事項を具体的に2つ記述**しなさい。

① _____

② _____

　　3）オオシマザクラへの薬剤等の散布を行うこととした。**公園利用者や公園周辺の住民などへの影響を防ぐために取るべき措置を具体的に2つ記述**しなさい。
　　　（ただし，農薬の選択及び使用方法（使用回数，使用量，使用濃度等），作業後の農薬の処理，作業員の健康管理に関する内容は除く。）

① _____

② _____

⑵　建設現場に新しく入場して就労する作業員を対象として，安全管理に関する新規入場者教育を行うに当たり，以下の（イ），（ロ）について答えなさい。

（イ）**新規入場者教育の必要性**について具体的に**1つ記述**しなさい。
　　（ただし，教育内容に関するものは除く。）

_____

（ロ）**新規入場者教育の一般的な教育内容を2つ記述**しなさい。
　　（ただし，植栽工や樹木整姿工などの作業方法やその留意事項に関する内容は除く。）

① _____

_____

② _____

_____

【選択問題】

施工全般

> **問題5の4**　次の工事数量表に基づく造園工事の安全管理に関する以下の設問(1)〜(3)について答えなさい。
>
> 　解答は，解答用紙の所定の解答欄に記述しなさい。（解答 P. 295）

〔工事数量表〕

工　種	種　別	細　別	規　格			単位	数量	摘　要
植栽工	高木植栽工	ソメイヨシノ	H(m)	C(m)	W(m)	本	10	支柱取付け
			3.5	0.15	1.2			
	低木植栽工	オオムラサキ	H(m)	C(m)	W(m)	本	360	4本/m²
			0.5	−	0.5			
移植工	高木移植工	イチョウ	H(m)	C(m)	W(m)	本	3	支柱取付け
			18.0	1.5	15.0			
修景施設整備工	モニュメント工	モニュメント				基	1	御影石製3 t
建築施設組立設置工	パーゴラ工	パーゴラ設置				基	1	木製

〔工事に係る条件〕
・本工事は，供用中の近隣公園の一部において，上記の工事数量表に基づく工事を施工するものである。
・イチョウは，近隣の公共施設の改築に伴い，本公園内に移植することとなったものであり，1年前に根回しを行っている。
・モニュメントは，公園外の工場で製作されたものを搬入し，設置する。
・移動式クレーンの設置場所付近には障害物がないものとする。

(1)　公園利用者の安全を確保するために，施工中の現場周辺において行うべき措置を具体的に3つ記述しなさい（工事用車両の運転手が遵守すべき内容に関するものは除く）。

　①_____
　②_____
　③_____

(2)　イチョウの移植に先立ち，枝の剪除などの樹上作業を行う場合に，樹上の作業員が自らの安全を確保するために行うべき措置を具体的に3つ記述しなさい（はしごに関する内容は除く）。

　①_____
　②_____

問 題 5　277

③ _____

(3) 移動式クレーンを用いて行うモニュメントの設置作業の安全管理に関し，
以下の（イ）〜（ハ）について答えなさい（公園利用者に対する安全管理上
の内容は除く）。

（イ）移動式クレーンの選定における留意事項を具体的に記述しなさい。

_____

_____

（ロ）移動式クレーンの配置・据付け作業において，作業上留意すべき事項
を具体的に2つ記述しなさい。

① _____

② _____

（ハ）移動式クレーンを用いたモニュメントの吊上げ作業から据付け作業に
おいて，作業上留意すべき事項を具体的に3つ記述しなさい（玉掛け作
業に関する内容は除く）。

① _____

② _____

③ _____

【選択問題】

> **問題5の5**　下図に示す造園工事の安全管理に関する以下の設問(1)〜(4)について答えなさい。
>
> 　解答は，解答用紙の所定の解答欄に記述しなさい。（解答 P. 296）

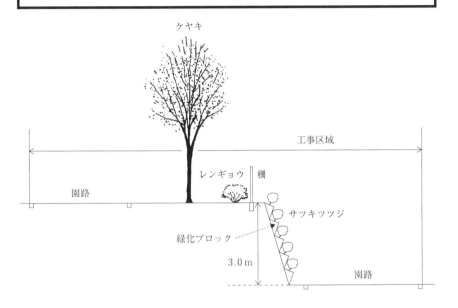

〔工事数量表〕

工種	種別	細別	規格			単位	数量	摘要
植栽工	高木植栽工	ケヤキ	H(m)	C(m)	W(m)	本	5	支柱取付け
			6.0	0.40	3.0			
	中低木植栽工	レンギョウ	H(m)	C(m)	W(m)	本	50	株立数（3〜）
			0.8	−	−			
		サツキツツジ	H(m)	C(m)	W(m)	本	250	
			0.3	−	0.4			

〔工事に係る条件〕
・一部供用中の地区公園の未開園区域の整備を行うものである。
・本工事は上記の工事数量表に基づく工事を施工するものである。

・移動式クレーンの設置場所付近には障害物がないものとする。

・緑化ブロックは既製品を使用し，施工済みである。

(1) 植栽する樹木の植え穴をバックホウを用いて掘削した。バックホウの作業範囲付近で作業を行う作業員の安全確保のために行うべき措置を具体的に3つ記述しなさい。

①_____

_____

②_____

_____

③_____

_____

(2) 移動式クレーンを用いてケヤキの立込みを行うこととした。ケヤキの玉掛け作業における安全管理上留意すべき事項を具体的に3つ記述しなさい。

①_____

_____

②_____

_____

③_____

_____

(3) 法面の緑化ブロックにサツキツツジを植栽するうえで，高所で作業を行う場合の作業員の安全確保のために行うべき措置を具体的に3つ記述しなさい。

①_____

_____

②_____

_____

③_____

_____

(4) 現場の作業員に事故が発生した場合に備えて，日頃より現場作業事務所で準備しておく必要のある事項を3つ記述しなさい。

①_____

_____

②_____

_____

③

※　安全管理の問題は，比較的簡単なものが多いです。

※　選択問題として選ぶ受験生が多いようです。ただし，記述する量が多いので意外と落とし穴になるケースもあります。

※　建設副産物の問題等が，今後出題されそうですので，理解を深めておきましょう。

問題5の6 　下図に示す公園における造園工事の安全管理に関する以下の設問(1)～(4)について答えなさい。**解答は，解答用紙の所定の解答欄に記述しなさい。**

（解答 P.297）

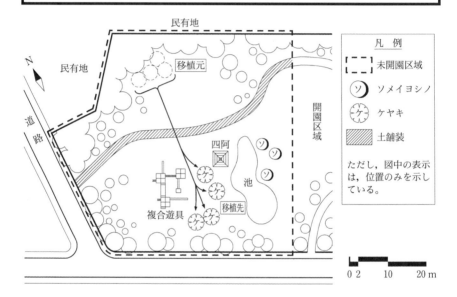

〔工事数量表〕

工　種	種　別	細　別	規　格			単位	数量	摘　要
移植工	高木移植工	高木移植（ソメイヨシノ）	H(m)	C(m)	W(m)	本	3	二脚鳥居型支柱
			4.5	0.25	2.0			
		高木移植（ケヤキ）	H(m)	C(m)	W(m)	本	4	ハツ掛支柱（丸太三本）
			7.0	0.6	4.0			
遊戯施設整備工	遊具組立設置工	複合遊具				基	1	
園路広場整備工	土系園路工	土舗装				m²	200	
建築施設組立設置工	四阿工	四阿設置				基	1	

〔工事に係る条件〕

・一部供用中の近隣公園（面積2.0 ha）の未開園区域の整備を行うものである。

・本工事は上記の工事数量表に基づく工事を施工するものである。

・ソメイヨシノは，4 km 離れた工場跡地で掘り取って運搬してきたものを使用する。移植箇所まで運搬する際，当該公園内については未開園区域のみを通ることとする。

・ケヤキは，未開園区域内の既存樹林から掘り取ったものを使用する。

・池は，過年度工事で施工済みである。

・移動式クレーンの設置場所付近には傷害物がないものとし，設置区域の範囲は予め現地に明示してある。

(1) バックホウを用いて植穴掘り作業を行うこととした。バックホウの運転者に対して，行うべき建設機械の操作に関する一般的な安全教育の内容について具体的に3つ記述しなさい。

　① _____

　② _____

　③ _____

(2) ケヤキの移植に先立ち，剪定作業を行うこととした。この場合，地上の作業員の安全確保のために行うべき措置を具体的に2つ記述しなさい。

　① _____

　② _____

(3) 移動式クレーンを用いてソメイヨシノの立込み作業を行うこととした。移動式クレーンが安全に作動するための配置・据付け上の留意事項について具体的に3つ記述しなさい。

　① _____

　② _____

　③ _____

(4) 複合遊具の組立て・設置に際して本足場を設けることとした。本足場の組

立ての際，組立て作業を行う者の危険防止のために行うべき措置を具体的に
2つ記述しなさい。

① _____

_____

② _____

_____

【選択問題】

> **問題5の7**　下図の造園工事を行う場合の安全管理に関する以下の設
> 問(1)～(4)について答えなさい。**解答は，解答用紙の所定の解答欄**
> **に記述しなさい。**　　　　　　　　　　　　　　　（解答 P. 298）

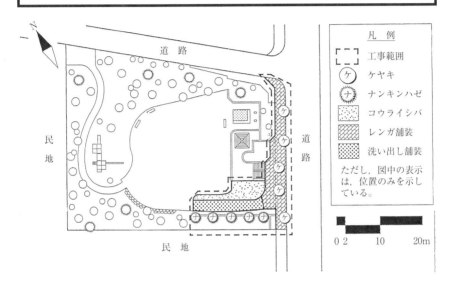

〔工事数量表〕

工　種	種　別	細　別	規　格 H(m)	規　格 C(m)	規　格 W(m)	単位	数量	備　考
植栽工（公園）	高木植栽工	ナンキンハゼ	3.5	0.15	1.0	本	5	支柱取付け
	地被類植栽工	コウライシバ				m²	50	目地張り（目土あり）
植栽工（街路）	高木植栽工	ケヤキ	4.5	0.18	1.5	本	5	支柱取付け
園路広場整備工	コンクリート系園路工	洗い出し舗装				m²	50	スロープ設置
	レンガ・タイル系園路工	レンガ舗装				m²	150	歩道部分合む

〔工事に係る条件〕

・供用中の街区公園（面積0.25 ha）のエントランス部及び隣接する街路にお
　いて，バリアフリー化と景観の向上を図るため，上記の工事数量表に示す工
　事を一体的に施工するものである。

(1)　施工計画の策定に当たって，安全管理上留意すべき一般的な事項を具体的に3つ記述しなさい。

①_____

②_____

③_____

(2)　バックホウを用いてナンキンハゼの植え穴掘りを行うこととした。作業員の安全確保のために行うべき措置を具体的に3つ記述しなさい。

①_____

②_____

③_____

(3)　植付け時に移動式クレーンを用いて樹木の立込みを行うこととした。樹木の吊り上げに用いる玉掛け用具の使用に際しての確認内容を具体的に2つ記述しなさい。

①_____

②_____

(4)　街路部分においてケヤキの植栽工を行う場合，「建設工事公衆災害防止対策要綱」に定められている埋設物に関する安全管理上行うべき措置を具体的に3つ記述しなさい。

①_____

②_____

③_____

※設問の方法が，色々とバラエティに富んでいます。日頃，現場で行っていることを，記述内容にすれば，案外スムーズに記述できそうですね。

※安全管理についても，類似問題が多くでています。とにかく，難しく考えることなく，何回も記述してください。必ず覚えることができますよ。実行あるのみです。こだわりを捨てて頑張りましょう。

【選択問題】

> **問題5の8** 下図の造園工事を行う際の安全管理に関する以下の設問
> (1)～(4)について答えなさい。**解答は，解答用紙の所定の解答欄に**
> **記述しなさい。** (解答P.299)

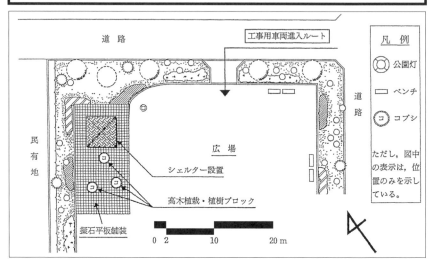

〔工事に係わる条件〕

・供用中の街区公園（面積0.25 ha）の一部において，以下の工事数量表に示す工事を施工するものである。

・広場の舗装は土舗装である。

〔工事数量表〕

工 種	種 別	細 別	規 格			単位	数量	備 考
建築施設組立設置工	シェルター工	シェルター設置	不燃アスファルトシングル葺，鉄骨造，H = 2,500 mm 屋根寸法5,000×5,000(mm)			基	1	
植栽工	高木植栽工	コブシ	H(m)	C(m)	W(m)	本	3	支柱取付け
			4.0	0.21	1.5			
園路広場整備工	コンクリート系園路工	擬石平板舗装	300 mm×300 mm×60 mm			m²	200	
	園路縁石工	植樹ブロック	φ1,500 mm			箇所	3	

(1) 一般に，工事現場における安全を確保するために行う安全活動を3つ記述しなさい。

① _____

_____

② _____

_____

③ _____

_____

(2) シェルター部材，樹木をトラックで作業現場に搬入する場合，公園利用者の安全確保のための留意事項について3つ記述しなさい。

① _____

_____

② _____

_____

③ _____

_____

(3) シェルターの設置作業を移動式クレーンを用いて行う場合，移動式クレーンが安全に作動するための配置・据付上の留意事項について3つ記述しなさい。

① _____

_____

② _____

_____

③ _____

_____

(4) 高木植栽工を移動式クレーンを用いて行う場合，コブシのつり上げから立込みまでの作業上の留意事項について3つ記述しなさい。

① _____

_____

② _____

_____

③ _____

_____

【選択問題】

> **問題5の9**　供用中の公園におけるトイレの新設工事に伴って既存樹木を移植することになった。この移植工事を行う際の安全管理に関する以下の設問(1)〜(4)について答えなさい。
>
> **解答は，解答用紙の所定の解答欄に記述しなさい。**（解答 P.300）

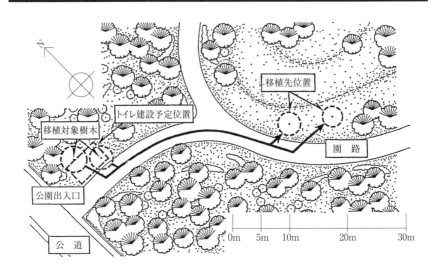

移植対象樹木	クスノキ （H：7.0 m　C：0.80 m　W：3.0 m）　1本
使用建設機械	枝下ろし作業：高所作業車 樹木の掘取り，植付け：バックホウ，移動式クレーン

(1)　作業を開始する前に実施するツールボックスミーティングにおいて，作業員の安全意識を高めるために一般的に話題とする内容について3つ記述しなさい。

①＿＿＿＿＿＿＿＿＿＿＿＿＿＿＿＿＿＿＿＿＿＿＿＿＿＿＿＿＿

②＿＿＿＿＿＿＿＿＿＿＿＿＿＿＿＿＿＿＿＿＿＿＿＿＿＿＿＿＿

③＿＿＿＿＿＿＿＿＿＿＿＿＿＿＿＿＿＿＿＿＿＿＿＿＿＿＿＿＿

(2) 移植する樹木の植穴をバックホウを用いて掘削した。バックホウの作業範囲付近で作業を行う作業員の安全確保のために留意すべき事項を3つ記述しなさい。

① _____

② _____

③ _____

(3) 樹木の掘取りと植付けを移動式クレーンを用いて行う場合，使用する玉掛け用具に関して，留意すべき事項を2つ記述しなさい。

① _____

② _____

(4) 掘り取った樹木の運搬作業はトラックを使用し，既設園路を利用した。その際に，公園利用者の安全確保のために留意すべき事項を3つ記述しなさい。

① _____

② _____

③ _____

問題5の1　選択問題　解答・解説

(1)(イ)

1)

① 機体の沈下による転倒事故を防ぐために，あらかじめ地盤の支持力が十分あるか留意する。

② 機体の傾きによる転倒事故を防ぐために，アウトリガーは最大限に張り出すよう留意する。

2)

A	つり荷の重心を見極め，打ち合わせで指示された方法で行い，安全な位置に退避した上で，合図者に合図を行うこと。
	時切り時につり荷の状況を確認し，必要な場合は，再度着地させて玉掛けをやり直すなどの措置を講じること。
B	運搬経路を含む作業範囲の状況を確認し，必要な場合は，玉掛け作業責任者に障害物の除去などの措置を要請すること。
	つり荷の運搬中に定格荷重を超えるおそれが生じた場合は，直ちにクレーン操作を中断するとともに，玉掛け作業責任者にその旨連絡し，必要な措置を講じること。

(ロ)

1)

A	B
30	5

2)

① 軟質の厚い防振手袋などを支給し，作業者に使用させること。

② 作業開始時及び作業終了後に手，腕，肩，腰などの運動を主体とした体操を行うこと。

(ハ)

(a)	(b)	(c)	(d)	(e)
○	○	×	○	○
(f)	(g)	(h)	(i)	
○	×	×	○	

(2)

① 関係機関及び隣地他工事の関係者とは，平素から緊密な連携を保ち，緊急時における通報方法の相互確認などの体制を明確にしておくこと。

② 緊急連絡表を作成し，関係連絡先，担当者及び電話番号を記入し，事務所，詰所などの見やすい場所に標示しておくこと。

問題5の2　選択問題　解答・解説

(1)

① その日の作業内容，進め方と安全の関係

② 作業上，特に危険な箇所の明示とその対策

(2)

A	B	C
4	合図	退避

(3)(イ)

① 公園利用者が誤って侵入しないように警備員，誘導者を配置し，交通の規制誘導を行う。

② 公園利用者の注意を喚起するために制令板を設置する。

(ロ)

① 接触事故防止のため，旋回合図をする前に，機械の側や旋回範囲内に人が入らないように留意すること。

② 落下事故防止のため，吊り上げられている荷の下方には立ち入らないように留意する。

(ハ)

A	B	C
6	10	7

(4)(イ)

A	B	C
立会	試掘	目視

(ロ)

A	B
作業主任者	点検

問題5の3　選択問題　解答・解説

(1)(イ)

A	B	C
暑さ	通気性	塩分

（ロ）

　1）

A	B	C	D	E
コ	エ	ケ	イ	ケ

　2）
　　①地切りの際：運転中の機械に接触する恐れのある個所には，作業員を立ち入らせない。
　　②合図を行う際：あらかじめ誘導者と運転者の間で一定の合図を定め，その者に合図を行わせる。

（ハ）

　1）
　　①　転倒を防止するため，アウトリガーを最大限に張り出して設置する。
　　②　転倒を防止するため，積載荷重，その他の能力を超えて使用しない。

　2）
　　①　誤った判断による事故を防ぐために，あらかじめ定められた作業計画に基づいて作業するよう留意する。
　　②　誤った行動による事故を防ぐために，あらかじめ合図者との間で一定の合図を定めておくよう留意する。

　3）
　　①　制御札などの安全標識を設置し，公園利用者の注意喚起をする。
　　②　交通誘導員を配置して，公園利用者を安全に誘導する。

(2)(イ)

　未経験者である新規作業員の安全意識を高めるための新規入場者教育は大変重要である。

（ロ）

① 作業手順に関すること。

② 作業開始時の点検に関すること。

問題5の4　選択問題　解答・解説

(1) ① 危険な箇所を明確にし，カラーコーン，トラロープ等で作業場を区分し，工事関係者以外の立ち入りを禁止する。

② 制札板等の安全標識を設置して，公園利用者の注意を喚起する。

③ 警備員，誘導員等を配置して交通の規制，公園利用者の誘導を行う。

④ 事前に現場周辺の居住者に工事実施について周知しておく。

⑤ 切り枝などは投げ落とさずに，監視員を配置し吊り網等で下げおろす。

(2) ① 作業員に安全帯を使用させる場合は幹にかけ，墜落による危険を防止する。

② 作業時は，枯枝や弱枝には上らないよう誘導を行う。

③ 強風等悪天候で作業に危険が予想される場合は作業を中止する。

④ 樹下の監視員と掛け声等の合図で，上下間の危険について常に確認し合う。

⑤ 樹上で不安定な状態での作業を行わせない。

(3) （イ）吊り上げ荷重に対して，定格荷重が十分に上回っている移動式クレーンを選定する。

（ロ）

① 移動式クレーンの作業範囲内に障害物がない事を確認する。

② 移動式クレーンを設置する地盤の状態を確認し，吊上げ荷重に相当する地盤反力を確保する。（転倒を防止するため必要な広さ，強度を有する鉄板を敷設する。）

③ 機体は水平に設置し，アウトリガーは作業荷重に応じて完全に張り出す。　等

（ハ）

① 荷を吊上げる場合は，必ずフックが吊り荷の重心の真上にくるように

する。（地切りを行い，荷のバランス，機体の安定，玉掛けの状態を確認する。）

② 旋回を行う場合は，旋回範囲内に人や障害物のないことを確認する。

③ オペレーターは，合図者の合図に従って運転し，常にブームの先端の動きや吊り荷の状態に注意する。

④ 吊り荷を持ったり，吊り荷の振れを手で止めさせたりしないこと。

⑤ ジブの傾斜角を超えて使用しないよう，移動式クレーンを配置する。等

問題5の5 選択問題 解答・解説

(1) 植栽する樹木の植え穴をバックホウを用いて掘削した。バックホウの作業範囲付近で作業を行う作業員の安全確保のために行うべき措置を具体的に3つ記述しなさい。

解答 ① 誘導者を配置し，その者にこれらの機械を誘導させなければならない。

② 誘導員をおく場合には，一定の合図を定め，誘導員に当該合図を行わせること。また，定めた合図は，関係作業員に周知すること。

③ 作業員がアームやジッパなどと接触するおそれがある箇所や走行時に巻き込まれるおそれのある場所などには，作業員の立入りをさせてはならない。

(2) 移動式クレーンを用いてケヤキの立込みを行うこととした。ケヤキの玉掛け作業における安全管理上留意すべき事項を具体的に3つ記述しなさい。

解答 ① 移動式クレーンのフックは，吊り荷の重心に誘導し，吊り角度と水平面とのなす角度は60度以内とする。

② ロープが滑らない吊り角度・あて物，玉掛け位置等，荷を吊ったところの安全を事前に確認すること。

③ 重心の片寄った物等，特殊な吊り方をする場合には，事前にそれぞれのロープにかかる荷重を計算して，安全を確認すること。

④ 半掛け4本吊りおよびフックに対する半掛けは，ロープが滑って危険なため禁止すること。

⑤ あだ巻き，目通し吊り又ははかま等を使用し，脱落防止の措置を講じること。

(3) 法面の緑化ブロックにサツキツツジを植栽するうえで，高所で作業を行う場合の作業員の安全確保のために行うべき措置を具体的に3つ記述しなさ

い。

解答 ① 足場を設置し作業床を設ける。

②　安全帯その他の命綱を使用するときは，安全帯等を取付けるための設備を設けること。

③　作業指揮者を指名し直接作業を指揮させること。

⑷　現場の作業員に事故が発生した場合に備えて，日頃より現場事務所で準備しておく必要のある事項を3つ記述しなさい。

   解答 ①　現場における組織編成および業務分担，指揮命令系統を明確にしておく。

②　災害時，緊急時の体制・連絡系統等を明記しておく。

③　備蓄資材や応急処置のための資機材の調達方法等を明記しておく。

問題5の6　選択問題　解答・解説

⑴　バックホウを用いて植穴掘り作業を行うこととした。バックホウの運転者に対して，行うべき建設機械の操作に関する一般的な安全教育の内容について具体的に3つ記述しなさい。

   解答

①　当該機械装置の危険性，保護具の性能及びこれらの機能取扱方法，非常停止法。

②　安全装置の機能，性能，取扱方法。

③　作業手順，操作手順，運転開始の合図，連絡，作業開始時の点検。等

⑵　ケヤキの移植に先立ち，剪定作業を行うこととした。この場合，地上の作業員の安全確保のために行うべき措置を具体的に2つ記述しなさい。

   解答

①　ネット，シートによる防護等，飛来防止の設備を設け，労働者に保護具を使用させる。

②　ネットは目的に合せた網目のものを使用する。

③　立入禁止区域を設定して監視員を配置して行う。　等

⑶　移動式クレーンを用いてソメイヨシノの立込み作業を行うこととした。移動式クレーンが安全に作動するための配置・据付け上の留意事項について具体的に3つ記述しなさい。

(施工全般)

解答

① 移動式クレーンを設置する地盤の状態を確認すること。地盤の支持力が不足する場合は，地盤改良，鉄板等により吊り荷重に相当する地盤反力を確保すること。

② 移動式クレーンの機体は水平に設置し，アウトリガーは，完全に張り出すこと。

③ 作業前には必ず点検を行い，無負荷で安全装置，警報装置，ブレーキ等の機能の状態を確認すること。　等

(4) 複合遊具の組立・設置に際して本足場を設けることとした。本足場の組立の際，組立作業を行う者の危険防止のために行うべき措置を具体的に2つ記述しなさい。

解答

① 防護網を張り，作業員に安全帯を使用させる。

② 足場材の緊結，取りはずし，受渡し等の作業には，幅20 cm以上の足場板を設ける。　等

問題5の7　選択問題　解答・解説

(1) ① 移動式クレーン作業は，道路上の作業になるため，道路管理者，所轄警察署長に道路占用許可，道路使用許可をそれぞれとる必要がある。

② 移動式クレーン作業時の合図者の選任及び誘導者の選任をする。

③ 道路に面して作業をする場合は，交通誘導員を配置する。　等

(2) ① バックホウには必ず誘導員を配置する。

② 掘削作業時は他の作業員の立入りを禁止する。

③ 掘削機械設置位置の不等沈下や崩壊防止をし，転倒防止をする。　等

(3) ① 玉掛用具はあらかじめ用意点検し，ワイヤーロープにうねり・くせ，ねじれがあるものは取り替える。

② 玉掛用具に，腐食や損傷がないか確認する。

(4) ① 埋設物の管理者の協力を得て，位置，規格等を調査し，その結果に基づきその保守措置を埋設物管理者及び関係機関と協議確認の上，施工者に明示する。

② 試掘を行い埋設物の存在が確認されたときは，布掘り又はつぼ掘りを行って，これを露出させなければならない。

③ 必要に応じて常に点検し標示板を取り付けるなどにより，工事関係者

等に対し注意を喚起しなければならない。

④　必要に応じて，埋設物の補強又は移設等について，起業者及び埋設物管理者と協議し，保安上必要な措置を講じる。　等

問題5の8　選択問題　解答・解説

(1)　一般に，工事現場における安全を確保するために行う安全活動を3つ記述しなさい。

①　責任と権限の明確化　（着工時に，安全についての各職員，下請の現場監督などの責任と権限を定め，明確にする。）

②　作業環境の整備　（施工計画を立てる際に，安全通路の確保，工事用設備の安全化，工法の安全化，工程の適正化，休憩所の設置等について十分検討する。）

③　安全朝礼の実施　（毎朝，作業が始まる前に作業員を集め5分間位その日の仕事の手順や心構え，注意すべき点等を話す。身体の調子などを聞き，適当な配置を考え，身じたくなどを点検する。）

④　ツールボックスミーティングの実施をする。　等

(2)　シェルター部材，樹木をトラックで作業現場に搬入する場合，公園利用者の安全確保のための留意事項について3つ記述しなさい。

①　工事現場内の走路は常に補修し，安全に走行できるよう維持すること。

②　後進作業の際は原則として誘導員の合図によること。また，必要に応じてバックブザーを取り付けること。

③　誘導員は目立つ服装で，笛，旗（夜間は合図灯）等を用い，決められた合図・方法によりオペレータから見やすい安全な場所で誘導すること。　等

(3)　シェルターの設置作業を移動式クレーンを用いて行う場合，移動式クレーンが安全に作業するための配置・据付上の留意事項について3つ記述しなさい。

①　移動式クレーンの作業範囲内に障害物がないことを確認すること。障害物がある場合は，あらかじめ作業方法をよく検討しておくこと。

②　移動式クレーンを設置する地盤の状態を確認すること。地盤の支持力が不足する場合は，移動式クレーンが転倒しないよう地盤の改良，鉄板等により吊り荷重に相当する地盤反力が確保できるまで補強した後でな

ければ移動式クレーンの操作を行わないこと。

　③　移動式クレーンの機体は水平に設置し，アウトリガーは作業荷重に応じて，完全に張り出すこと。　等

(4)　高木植栽工を移動式クレーンを用いて行う場合，コブシの吊り上げから立込みまでの作業上の留意事項について3つ記述しなさい。

　①　荷を吊り上げる場合は，必ず地面からわずかに荷が浮いた状態で停止し，機体の安定，吊り荷の重心，玉掛けの状態を確認すること。

　②　荷を吊り上げる場合は，必ずフックが吊り荷の重心の真上にくるようにすること。

　③　移動式クレーン作業中は，吊り荷の直下のほか，吊り荷の移動範囲内で，吊り荷の落下による危険のある場所への人の立入りを禁止すること。

　④　立入りを禁止した場所には，看板，標識等を設置し，作業員等に周知させること。　等

問題5の9　選択問題　解答・解説

(1)　①　仕事の具体的な内容

　②　その日に行う仕事の手順，段取り

　③　危険箇所の明示，作業員への周知徹底。

　④　ヒューマンエラーの防止

　⑤　作業場付近の環境整備

(2)　①建設機械には，誘導員の配置を行う。

　②　機械作業中は，作業員を立ち入れないこと。

　③　オペレータが，運転席を離れる場合は，原動機を止め，ブレーキを確実にかけ，作業装置を地上におろす。

(3)　①　吊り荷に見合った玉掛け用具を用意すること。

　②　作業開始前にワイヤーロープ，フック等点検を行い，不良品は取り除く。

(4)　①　作業関係者以外の立ち入りを防止するため，危険区域を明確にし，防護柵等を設ける。

　②　樹木運搬の際は，必ず誘導員を設け，公園利用者の安全を確保する。

　③　公園内は制限速度を守り，公園利用者を優先して誘導を行う。

著者経歴

種子永　修一　（たねなが　しゅういち）

1954年　和歌山県生まれ

所持免状　給水装置工事主任技術者

　　　　　１級管工事施工管理技士

　　　　　１級電気工事施工管理技士

　　　　　１級建築施工管理技士

　　　　　１級土木施工管理技士

　　　　　１級造園施工管理技士

　　　　　１級舗装施工管理技術者

　　　　　推進工事技士

　　　　　宅地建物取引主任者

　　　　　特殊建築物等調査資格者　　　等

弊社ホームページでは，書籍に関する様々な情報（法改正や正誤表等）を随時更新
しております。ご利用できる方はどうぞご覧下さい。 http://www.kobunsha.org
正誤表がない場合，あるいはお気づきの箇所の掲載がない場合は，下記の要領にて
お問い合せ下さい。

1級造園施工管理技士 第2次検定対策

編　　　著	種子永　修一	
印刷・製本	亜細亜印刷㈱	

発 行 所	株式会社 **弘文社**	〒546 -0012　大阪市東住吉区中野 　　2丁目1番27号 ☎　　(06)6797—7441 ＦＡＸ　(06)6702—4732 振替口座 00940-2-43630 東住吉郵便局私書箱1号
代 表 者	岡﨑　靖	

ご注意
(1) 本書は内容について万全を期して作成いたしましたが，万一ご不審な点や誤り，記載もれなどお気づきの
　　ことがありましたら，当社編集部まで書面にてお問い合わせください。その際は，具体的なお問い合わせ
　　内容と，ご氏名，ご住所，お電話番号を明記の上，FAX，電子メール（henshu2@kobunsha.org）また
　　は郵送にてお送りください。
(2) 本書を使用して得た結果については，上項にかかわらず責任を負いかねますので予めご了承ください。
(3) 落丁・乱丁本はお取り替えいたします。